Inhalt

Talmud für Fortgeschrittene

Schalom-Bücher Band 2
Hrsg. von Arnulf H. Baumann

Siegfried Bergler

Talmud für Fortgeschrittene

ein Werkbuch

Lutherisches Verlagshaus

Mischna (BB II,6): Ein Jungvogel, den man weniger als fünfzig Ellen (d.h. 25 Meter) (vom Taubenschlag entfernt) findet, gehört dem Besitzer des Taubenschlages - (wenn aber) über fünfzig Ellen (entfernt), so gehört er dem Finder.
Gemara (b BB 23b): Rabbi Jirmeja fragte (die Weisen): "(Wenn sich aber) eines seiner Beine innerhalb der fünfzig Ellen und eines außerhalb der fünfzig Ellen (befindet) - was dann?"
Deswegen schlossen sie Rabbi Jirmeja vom Lehrhaus aus.

Für BIRGIT
"on the way"

Die Deutsche Bibliothek - CIP-Einheitsaufnahme

Bergler, Siegfried: Talmud für Fortgeschrittene: ein Werkbuch / Siegfried Bergler. - Hannover: Luth. Verl.-Haus, 1993
(Schalom-Bücher; Bd. 2)
ISBN 3-7859-0649-8
NE: GT

Gesamtherstellung: Th. Schäfer Druckerei GmbH, Hannover
ISBN 3-7859-0649-8

Vorwort

Das Gespräch zwischen Juden und Christen dreht sich unter anderem um die unterschiedliche Sicht und Bewertung von Altem und Neuem Testament. Dabei lernen beide Seiten bei vorurteilsfreiem Aufeinanderzugehen immens viel voneinander. Leider findet in jenem Dialog rabbinisches Schrifttum, allem voran der Talmud, nur marginale Berücksichtigung und wird nicht selten als lediglich unterhaltsames, ja erheiterndes Illustrationsobjekt behandelt. Wer von uns kennt nicht irgendwelche rabbinischen Anekdoten! Aber nur wenige - selbst jüdische Partner - vermögen den Beitrag des Talmuds für die Auslegung der Tora oder gar der Evangelien nutzbringend deutlich zu machen. Dennoch kann - soll das Gespräch nicht einseitig verlaufen - die jüdisch-christliche Begegnung auf dieses zeitgleich mit dem Neuen Testament und den Schriften der Väter der Alten Kirche entstandene jüdische Kompendium von Lehrsätzen, Diskussionen und Kommentaren nicht verzichten.
Es ist darum einerseits die Intention dieses Buches, einen Streifzug durch alle sechs Talmudordnungen zu unternehmen und jeweils einen Text exemplarisch zu kommentieren sowie einen weiteren Abschnitt zwecks selbständiger Erarbeitung zu präsentieren. (Lösungshinweise am Ende des Buches!) Andererseits wird das alttestamentliche Fundament erhellt, auf Parallelen im neutestamentlichen Kanon hingewiesen und auf Brückenglieder zwischen beiden Testamenten geachtet - ohne der Versuchung zu erliegen, ein wie auch immer geartetes Überbietungsverhältnis zu konstruieren. Fernziel wäre ein Verstehen des Talmuds auf christlicher Seite. Selbstverständlich werden wir bei der Beschäftigung mit ihm auch jüdisches Denken und Glauben, jüdische Bräuche und Kultur kennenlernen.
Nachdrücklich sei betont, daß die ausgewählten, in eigener Übersetzung wiedergegebenen und der Übersichtlichkeit halber in Unterabschnitte gegliederten Texte absichtlich keine gängigen Paradebeispiele, sondern "typische", vielfach sperrige, manchmal zunächst sogar mißverständlich wirkende Stücke überwie-

gend halachischer Natur darstellen. Zu ihrem Verständnis, im besonderen der hebräischen Fachausdrücke und Abkürzungen, sind die Kenntnis des Bandes "Talmud für Anfänger" bzw. anderweitig erworbene Vorkenntnisse erforderlich. Wieder sollen die angegebenen Bibelstellen unbedingt nachgeschlagen und im größeren Zusammenhang studiert werden. Unentbehrliche Quellenangaben sind für an weitergehender Lektüre Interessierte in Fußnoten zu finden.

Von Herzen gedankt sei erneut dem Herausgeber und Vorsitzenden des Ev.-luth. Zentralvereins für Zeugnis und Dienst unter Juden und Christen, Herrn Pastor Arnulf H. Baumann D.Min., für die Initiierung dieses Schalombuch-Projektes und für die zur Niederschrift eingeräumte Zeit. Für die kritische Durchsicht bin ich den Herren Goßmann, Hollitzer, Isermann und Dr. Lehnardt sehr verbunden.

Hannover, August 1992 Siegfried Bergler

Kapitel 1: Hinführung - Das Geheimnis des weißen Feuers

Zwei eng miteinander befreundete Rabbinen vereinbaren nach Abschluß ihres gemeinsamen Studiums, sich von nun an vor jedem Sabbat gegenseitig zu schreiben. Ein Schüler des einen überbringt jeweils den Brief und nimmt den des anderen an seinen Meister mit. So geht es annähernd zehn Jahre lang, bis der Bote dann doch einmal - von Neugierde überwältigt - den Umschlag öffnet, um einen Blick in die Korrespondenz zu werfen. Auf dem Briefpapier steht in der oberen rechten Ecke lediglich: "Gepriesen sei der Herr", dann die Anrede: "Meinem lieben ..." und am unteren Ende: "In ewiger Freundschaft, Dein ...". Dazwischen ein unbeschriebener, weißer Raum. Entsprechend das Antwortschreiben! Rechts oben: "Mit Gottes Hilfe" und der Gruß: "Meinem verehrten und hochgeschätzten Freund ..."; unten: "Hochachtungsvoll, Dein ...". Nichts weiter. Woche für Woche! Der Bote hält es bald nicht mehr aus, gesteht seinem Rebbe den Bruch des Briefgeheimnisses ein und bittet um des Rätsels Lösung. "Wie du weißt, waren jener Rabbi und ich Studien- und Zimmerkollegen. Wir teilten Träume, Hoffnungen, Erinnerungen und Traurigkeiten miteinander. Wir stehen uns seitdem näher als Brüder. Deshalb verabredeten wir auch jenen wöchentlichen Gedankenaustausch." "Aber ihr teilt euch doch gar nichts mit!" unterbricht ihn der Schüler. "Ihr grüßt und verabschiedet einander nur." "Auf den ersten Blick mag dies so scheinen", entgegnet der Rebbe, "aber könntest du zwischen den Zeilen lesen, dann würdest du verstehen, daß, was ich meinem Freund schreibe und er mir - daß sich dies nicht durch Worte ausdrücken läßt. Unsere Verbundenheit zueinander, unser miteinander geteiltes Leben übersteigt Worte. Das läßt sich einfach nicht fixieren."

Zwar stammt diese Erzählung[1] aus dem Chassidismus, jener

1. Nach Shlomo Riskins "Shabbat Shalom"-Artikel in: Jerusalem Post. International Edition vom 28.9.1991, S. 23.

volkstümlichen, mystisch-enthusiastischen Erweckungsbewegung in Osteuropa ab der Mitte des 18. Jhdt.s, die gerade die ihr zu trocken wirkende rabbinisch-talmudische Torafrömmigkeit kritisiert. Doch läßt sich meines Erachtens die "Moral" der Geschichte auch und gerade auf die schriftliche Tora und den Talmud als die mündliche Tora übertragen. Ihre eigentliche Botschaft ist nicht im geschriebenen Buchstaben zu entdecken, sondern in dem weißen Raum zwischen den Wörtern und Zeilen. Was wir lesen, klingt streckenweise sehr gesetzlich-juristisch: was zu tun erlaubt und was verboten ist, wie und wann man bestimmte Dinge verrichten darf. Vielen erscheint dies langweilig, unnötig und ohne irgendeinen praktischen Nutzeffekt. Nur wer zwischen den schwarzen Druckbuchstaben zu lesen vermag, erkennt die echte Intention von Tora und Talmud: das Ringen um die Wahrheit, die Liebe zu Gott und zum Mitmenschen, das Herz und die Seele jüdischer Existenz, ausgelassene Freude und tief-empfundene Nöte, die gemeinsam erlebte jüdische Geschichte in ihrem Auf und Ab bis hin zum Tiefpunkt der Zerstörung des Tempels und bleibenden Diasporasituation. Diesem Undefinierbaren, Unausgesprochenen - weil Unsagbaren! -, dieser "sprachlosen Sprache" nachzuspüren, soll bei all unseren Textbeispielen zentrales Anliegen sein, um wirklich den Geist der Tora zu erfassen. Wenn sie - wie man landläufig übersetzt - "ein feuriges Gesetz" aus Gottes Hand ist (5. Mose 33,2), dann ist das weiße Feuer ihrer Ränder und Zwischenräume heiliger als das schwarze ihrer Tinte. So jedenfalls hat es die spanisch-jüdische Kabbala, die andere mystische Strömung gegen die angebliche Nüchternheit des Talmudismus ab dem 13. Jhdt., gesehen. Noch einmal auf den Punkt gebracht: Das Wesentlichste der Tora ist nicht das, was gesagt ist, sondern wie es gesagt bzw. was ausgelassen ist. Diese These wird durch folgende Beobachtungen untermauert.

1.1 Der Talmud: Anfangs- und endloses Gespräch

Die mündliche Tora des Talmuds besitzt weder klar umrissenen Anfang noch Ende. Der Eingangstraktat *Berachot* beginnt mit der Erörterung des Problems, von wann an man abends das *Schma' Jisra'el*-Gebet sprechen soll. Wir befinden uns inmitten einer offensichtlich schon unbestimmte Zeit währenden Debatte. Am Schluß des letzten Traktates *Ukzin* wird die Verunreinigungsfähigkeit von Honigwaben diskutiert. Das Gespräch hierüber kann doch nicht das letzte sein. Wir haben das bestimmte Gefühl, daß es gerade wegen dieses *open end* weitergeführt werden muß. Der weiße Raum lädt zur Fortschreibung ein. Zwischen jenem Anfang und Ende stehen unzählige, aufgrund ihrer Thematik und Rhetorik ausgrenzbare Einheiten, meist nur lose (aufgrund immer wiederholter Stichworte) und unsystematisch aneinandergereiht, woraus schließlich 63 Traktate erwuchsen. Da jene abgeschlossenen Passagen häufig in mehreren Traktaten und nur leicht variiert wiederkehren, ist die Vermutung berechtigt, daß es sich um frei handhabbare und in neue Kontexte einbaubare Versatzstücke handelte, die ursprünglich abgesehen von ihrem endgültigen Zusammenhang interpretiert werden konnten. Auf das Detail ist darum mehr zu achten als auf den (künstlichen) Rahmen und die Bindeglieder. Der Talmud erhebt nicht den Anspruch, ein Buch zu sein. Er beinhaltet vielmehr stenographische Notizen über ausschweifende Gespräche und Erzählungen wie über kurze, markante Aussprüche. Von unserer chassidischen Anekdote her beurteilt: Wir lesen die unterschiedlichsten "Briefe" im Talmud. Nur ist uns ihre Reihenfolge unklar; wir wissen nicht, ob sie uns vollständig vorliegen, und vor allem nicht, worin ihre Kernaussage besteht. Der Brief- oder Gesprächscharakter des Talmuds erklärt, warum "die rabbinische Literatur nicht nur sich selbst nicht zur Kenntnis nimmt, sondern auch keine vorgängige Literatur, sie zitiert niemals ein Werk, immer nur Personen".[2]

Aber selbst wenn geäußerte Meinungen mit dem Namen eines bestimmten Rabbinen versehen sind, so erkennen wir recht schnell, daß es doch nicht (mehr) dessen originales Wort ist. Denn der Talmud spricht formelhaft, stereotyp. Es dominiert die Erzählprosa mit wenig Spuren von Eloquenz und gehobenem Stil. Eine fast ritualisierte Sprache, bestehend aus knappen, grammatikalisch häufig verkürzten Sätzen oder nur aus Schlagworten und Phrasen! Deshalb sind zum Talmudstudium Lexika mit dem

2. Arnold Goldberg: Formen und Funktionen von Schriftauslegung in der frührabbinischen Literatur (1. Jhdt. v. Chr. bis 8. Jhdt. n. Chr.). LingBibl. 64. Bonn, 1990, S. 13.

spezifischen Sprachschatz der *Tanna'im* und *Amora'im* unentbehrlich.[3]
Diese nüchterne Fachsprache bedingt, daß das persönliche, private Wort in den Hintergrund tritt. Das eigentliche Fühlen und Denken der Rabbinen bleibt uns verborgen. Ebensowenig erfahren wir beispielsweise aus den biographischen *Haggadot* etwas über den historischen Hillel oder Akiba. Wer jene Erzählungen wortwörtlich nimmt, mag ihnen zwar manch Erbauliches und Vorbildliches entnehmen, gelangt jedoch letztlich kaum über das Lob ihres Illustrations- und Unterhaltungswertes hinaus. Die Tiefendimension der *Haggadot* erschließt sich gerade erst dann, wenn man von ihrer Beurteilung als rabbinischer Schmonzetten Abstand nimmt und zwischen den Zeilen zu lesen beginnt.
Die bewußte Einebnung stilistischer und biographischer Besonderheiten hat zu großteils konturenlosen Stücken geführt und erschwert das Verstehen der Talmud-"Briefe". Zwar finden wir ständig konkrete Absender- und Adressatenangaben, aber die eigentlichen Briefinhalte beruhen auf der Hand von Redaktoren und Sammlern, die sie über viele Generationen hinweg revidierten, redigierten und immer wieder neu sortierten. Kein Traktat ist darum das Werk von nur einem Rabbi, geschweige denn von nur einem Überarbeiter. Aus dem uniformen Klangbild die Einzelstimmen von ehedem herauszuhören gelingt höchst selten.

1.2 Der Talmud: Geschichts- und zeitloser Anspruch

Wen interessieren die im Talmud diskutierten Probleme? Da geht es etwa um die exakte Festlegung der Abgaben an Bodenprodukten für den Tempel und das Kultpersonal - Bestimmungen, die schon zur Zeit der Fixierung der Mischna nicht mehr aktuell waren, da der Tempel zerstört und das Betreten Jerusalems für Juden praktisch unmöglich war. Ähnlich überholt sind die ausführlichen Erörterungen der babylonischen *Gemara* über das Tempelopferwesen. Man bedenke: Allein 120 (doppelseitige) Blätter widmen sich der korrekten Darbringung von Opfertieren. Auch die Vielzahl der aufgelisteten Möglichkeiten von kultischer Verunreinigung

3. Etwa Wilhelm Bacher: Die exegetische Terminologie der jüdischen Traditionsliteratur. Hildesheim, 1990 [= Nachdruck von 1899 und 1905].

sind längst weitestgehend irrelevant, da sich mit Aufhören des Tempeldienstes ebenfalls das Reinigungswasser-Ritual (4. Mose 19; 3. Mose 14) erledigte. Alle Juden, selbst die Nachfahren des priesterlichen Geschlechtes, würden demnach heute als höchstgradig unrein gelten. Was von talmudischen Tagen bis in unsere Zeit hinein bindende Kraft behalten hat, sind allenfalls die detaillierten Anweisungen über das korrekte Begehen des Sabbats sowie der großen Jahresfeste, ferner (im Staat Israel) die ehe- wie familienrechtlichen Erwägungen der Rabbinen und gewisse weitere zivilrechtliche Weisungen, die heute - unter der Voraussetzung, daß alle am Rechtsstreit beteiligten Parteien zustimmen - in die Zuständigkeit der Rabbinatsgerichte fallen.[4]
Dies bedeutet, daß jene Debatten in gewissem Sinne geschichtslos, ja antihistorisch geführt wurden und werden. Die Frage nach ihrer Zeitbedingtheit und Praktikabilität bleibt ausgeblendet. Im Talmud herrscht immerwährende Gegenwart; kein Passus wird jemals inaktuell. Natürlich kann diese synchrone und damit oft anachronistische Betrachtungsweise der Rabbinen nur einen bestimmten Ausschnitt aus der damaligen Wirklichkeit bieten. Statt Realschau begegnen wir einer Idealschau: der Vision bzw. Fiktion einer rabbinischen Welt. Idealtypische Lebens- und Gesellschaftsmodelle erstehen vor unseren Augen, die offensichtlich die konträre politische, wirtschaftliche und geistige Realität übertünchen. Die (biblische) Vergangenheit wird glorifiziert und konserviert. Die Mose-Tora wird auf modifizierte rabbinische Weise erst richtig zur gültigen Norm für Religion und Alltag erhoben. Der Talmud versucht, mittels dieser idealen Ganzheitsschau Himmlisches und Irdisches zusammenzubinden, das Profanste vom Heiligen durchdrungen sein zu lassen. Deshalb widmet er sich eingangs dem *Schma'*, dem Glaubensbekenntnis: "ER unser Gott, ER Einer" (Buber/Rosenzweig-Übersetzung), und am Ende der Verunreinigungsfähigkeit von Honigwaben, denn Unreinheit ist Ausdruck von Unheiligkeit und tangiert den Bund zwischen Gott und Mensch. Die gesamte Welt, auch das nebensächlichste Moment oder geringfügigste Detail, soll die Heiligkeit des Heiligen, gepriesen sei er, widerspiegeln.

4. Dazu Ariel Bin-Nun: Einführung in das Recht des Staates Israel. Darmstadt, 1983, S. 18ff., 110ff.

Nur wenn wir diese Absicht der Rabbinen ihren Zeilen abspüren, kann es uns gelingen, ihren Diskussionen über Menstruation, verbotene Arbeiten an Feiertagen, über Töpfe und Pfannen, über die erste und zweite Zehntabgabe oder über die korrekte Abfassung einer Eheurkunde bzw. eines Scheidebriefes überhaupt einen Sinn abzugewinnen. Die Ort- und Zeitlosigkeit des Talmuds will gerade diese göttliche Allgegenwart zum Ausdruck bringen. In ihm geht es darum nie um periphere Dinge, sondern *das* Thema hinter den Einzelthemen ist immer Gott. "Wer Ohren hat zu hören ...!" Dies illustriert bereits der Talmudbeginn: "Von wann an liest man das *Schma'* am Abend? - Von der Stunde an, da die Priester (ins Heiligtum) eintreten, um von ihrer Hebe zu essen ..." (M Ber I,1). Es wird zunächst einmal für uns "Briefleser" vorausgesetzt, daß wir bereits wissen, wie der Text des *Schma'*-Bekenntnisses überhaupt lautet, daß er also aus den drei Tora-Passagen 5. Mose 6,4-9; 11,13-21 und 4. Mose 15,37-41 besteht. Ferner gilt als vorgegeben, daß wir über den jüdischen Usus, dieses "Höre Israel"-Gebet morgens und abends zu rezitieren, Bescheid wissen. Strittig ist hier nur der Zeitpunkt des Gebetes am Abend. Wir benötigen quasi eine längere Einleitung zu unserem Passus, der vor allem die biblische Basis dieses Traktatanfanges nennt, nämlich: "wenn du dich niederlegst" (5. Mose 6,7). Die Bibel meint generell das Reden von den Worten der Tora beim Schlafengehen, der Talmud speziell das Sprechen des *Schma'*, welches jene Zeile enthält. Doch wann ist die Zeit des Sich-Niederlegens? Die Rabbinen kommentieren die Tora, wenn sie nunmehr eine Antwort versuchen. Durch ihre Ausführungsbestimmungen machen sie das Toragebot erst praktikabel.

Interessant ist die Art der Terminangabe: "wenn die Priester eintreten, um von ihrer Hebe zu essen". Halachisch wäre genausogut möglich gewesen: "wenn die ersten Sterne am Himmel erscheinen". Hier soll nicht bloß an den Priesterdienst von einst bewußt erinnert werden, sondern diese zweifellos antiquierte Zeitbestimmung wird anachronistisch für alle Zukunft beibehalten, als ob der Tempeldienst noch florieren und den Priestern die Hebe, d. h. die vorgeschriebene Abgabe an Feld- und Baumfrüchten (5. Mose 18,4), weiterhin zustehen würde. "Man liest" das Abend-*Schma'* in zeitlicher Parallele zum priesterlichen Hebe-Essen.

Und damit überträgt der Beter auf sich und seinen Alltag den für die Tempelpriester geforderten heiligen Wandel. Das Haus jedes gläubigen Juden wird so zum Tempel(ersatz). Das "weiße Feuer" zeigt sich also wirkungsvoller als das "schwarze", das nur einen überholten Zeitbegriff weitertraktiert. Der Blick zwischen die Zeilen läßt darüber hinaus erkennen, daß die Rabbinen trotz ihres vermeintlichen historischen Desinteresses sehr wohl ihre eigenen Tage vor Augen haben. Der Verlust des Tempels als Ort der Gegenwart Gottes stellt nicht nur eine gravierende Zäsur in der jüdischen Geschichte, sondern überhaupt eine Infragestellung der jüdischen Religion dar. Durch ihre Parallelisierung von *Schma'*-Beten und Hebe-Essen deuten die Rabbinen daher einen lichtvollen Ausblick an: Der Tempelkult geht weiter in einer einfacheren, volkstümlicheren Form. Das gesamte Volk ist der "neue Tempel", Torastudium der "neue Kult". Die mündliche Tora, von den Rabbinen kodifiziert, bietet ein neues Frömmigkeitsideal; sie sehen sich fortan als den Priestern übergeordnet. Wer sein *Schma'* zur festgelegten Zeit betet, ist dem gleichgeachtet, der früher sein Tempelopfer am dafür fixierten Termin darbrachte! So zeigt das "weiße Feuer" die historische Verwurzelung des sich geschichtslos gebenden Talmud auf.

Obwohl die Debatten idealtypisch um ein Leben aller Juden im Einklang mit der schriftlichen und mündlichen Tora kreisen, sind sie doch überwiegend nur für rabbinische Ohren bestimmt. Sie zu verstehen, setzt nämlich rabbinisches Wissen und Denken voraus. So sind die talmudischen Gespräche zwischen Rabbinen für die Rabbinen späterer Tage zwecks Fortführung der Diskussion aufgezeichnet worden. Ein Stück Selbstbezogenheit jener religiösen Intellektuellenschicht, damit verbunden eine Portion Selbstdarstellung, ist darum ihrer literarischen Hinterlassenschaft abzuspüren. Wie noch zu zeigen sein wird, nehmen die Rabbinen keineswegs immer die Lebenspraxis zum Ziel ihrer Ausführungen. Volksnähe ist nicht intendiert, weshalb die außerrabbinische jüdische Welt nur ganz peripher in den Blick kommt. Freilich sollte trotz ihres Eifers für die Tora um der Tora willen den Rabbinen der Tataspekt nicht abgesprochen werden. Sie versuchen, das Torawort "Wir wollen tun und wollen hören" (2. Mose 24,7) zu beherzigen: Zuerst kommt das Tun, dann folgt das Hören.

Judesein verwirklicht sich eben nicht im Denken, sondern im Tun. Torafrömmigkeit ohne Werke, ohne ein auf Gott und den Mitmenschen ausgerichtetes tätiges Leben, ist auch für die tal-mudischen Weisen undenkbar. Nur wenn die Tora in die Eingeweide bzw. in die (248) Glieder eines jeden Menschen eindringt, hat sie wirklich Bestand. Gerade der weiße Raum neben ihren Buchstaben will ausdrücken, daß sich Tora wohl im abgeschiedenen Studierzimmer entwickeln, aber nicht auf dieses beschränken läßt. Vor allem Christen, die weder rabbinisches Lehrhausstudium noch jüdisches Glaubensleben ganz allgemein kennen, ist dies nachdrücklich bewußtzumachen.

1.3 Der Talmud: Gleichwertige und abstraktionslose Themen

Nach dem Herzstück der Tora zu fragen, halten die Rabbinen für müßig. Zwar beginnt die mündliche Tora mit Erörterungen über das *Schma'*, mit dem ja auch Jesus die Frage nach dem ersten Gebot von allen schriftlichen beantwortet (Markus 12,28ff.; s.u. Kap. 2). Doch so, wie alle 613 göttlichen *Mizwot* (sofern noch möglich) zu befolgen sind und einzelne, etwa das Gebot der Nächstenliebe (3. Mose 19,18; vgl. Markus 12,31), lediglich als Quintessenz der Tora, aber nicht gegenüber anderen Geboten als qualitativ vorrangig herausgehoben werden können, so darf man auch im Talmud nicht zwischen wichtigen und unwichtigen Sachverhalten, zwischen praktischen und unnützen Problemen unterscheiden wollen. Kein Rabbi würde die Frage nach dem bedeutendsten Traktat der 63 stellen! Falls wir sie an ihn richteten, würde er seinerseits uns fragen, ob wir die nach unserem Dafürhalten unbedeutenden Stücke überhaupt verstanden hätten. Natürlich: Viele der verhandelten Punkte mögen konstruiert, unplausibel, unrealistisch, zu abgelegen und ohne praktischen Nutzeffekt erscheinen. Doch ist es den Rabbinen nicht zuallererst um deren praktische Umsetzung zu tun. Sie interessiert die Sache, der Fall an sich, die Suche nach einer definitiven Lösung, die Ergründung der göttlichen Wahrheit. Für den, der ihr auf die Spur kommen möchte, kann es darum keine belanglosen Fragestellungen geben. Die Tora umschließt alles - Gott und die

Welt -; von daher verdient sie, in allen Einzelheiten studiert und entfaltet zu werden. Auch die hypothetischste, scharfsinnigste Erklärung von einzelnen Buchstaben, über die *Mizwot* bis hin zu ganzen Problemkreisen beansprucht denselben Stellenwert. Zumindest dient die minutiöse Auseinandersetzung mit ihnen der Förderung eines Problembewußtseins. Denn sie lassen sich auf analoge Fälle oder Gegebenheiten, wo möglicherweise der Praxisbezug evident ist, übertragen und bieten hierfür Lösungshilfen an. Niemand kann auch mit Bestimmtheit ausschließen, daß jene theoretischen Erörterungen nicht erst in einer anderen Zeit - vielleicht sogar Jahrtausende später - für die Allgemeinheit nutzbringend werden. Welcher Schüler vermag denn abzuschätzen, ob, wann und wozu er sein erworbenes Wissen, sein Hobby oder die Beschäftigung mit einem Randgebiet einmal wird anwenden können! Das interlineare Lesen im weißen Raum soll uns daher Respekt vor dem Talmud im ganzen lehren. Wer jüdisches Denken und Glauben verstehen will, muß anerkennen, daß das "Volk des Buches" eben zugleich das "Volk des Kommentars" ist. Am Beispiel des schon erwähnten Talmudschlusses erläutert: Der letzte Traktat *Ukzin,* "Stiele", der die rituelle Unreinheit, die Wurzeln, Schalen, Stiele etc. befallen kann, thematisiert, hat keinerlei biblische Anbindung. Dies wertet ihn keineswegs ab. Im Gegenteil: Er gilt als einer der schwierigsten. Wer ihn erklären kann, darf unter den Rabbinen den Führungsanspruch vertreten. Eine *Haggada* (b Hor 13b) erzählt, wie zwei von ihnen Rabban Schim'on ben Gamli'el aus dem Amt des Vorsitzenden *(Nasi)* des Hohenrates verdrängen möchten: "Wir wollen ihn auffordern, (den Traktat) *Ukzin* vorzutragen, dessen er nicht kundig ist." Die Begründung erfolgt unter Hinweis auf Psalm 106,2: "Wer kann die Großtaten des Herrn alle erzählen ...!" Will sagen: Nur derjenige, der Gott allumfassend verherrlichen kann - und dazu zählt die Kenntnis der gesamten mündlichen Tora inklusive *Ukzin* -, verdient das *Nasi*-Amt. Übrigens hat R. Schim'on dann doch noch an einem Tag diesen Traktat studiert, so daß er keiner Demütigung ausgesetzt war. Die vorletzte Mischna (die letzte ist wohl spätere Ergänzung, um mit dem abrupten Ende zu versöhnen) diskutiert folgendes rein rabbinische Problem: "Von wann an sind Honigwaben als Flüssigkeit einzustufen, die für (rituelle) Un-

reinheit (und damit für die Übertragung dieser Unreinheit etwa auf Speisen) empfänglich sind?" (III,11). Soviel zum Verständnis: Bienen gehören zwar in die Kategorie der unreinen Insekten, doch Honiggenuß ist trotzdem erlaubt. Nach rabbinischer Sicht transportieren die Bienen ihn nur in ihrem Körper, produzieren ihn aber nicht selber (b Bech 7b). Aber die Rabbinen zählen Honig zu den Flüssigkeiten, die unrein werden und dann Speisen durch Übertragung dieser Unreinheit unrein machen können. In der Wabe ist Honig unter Verschluß und daher noch nicht verunreinigungsfähig. Aber ab wann ist er es? Eine der gegebenen Antworten (s.u. 1.4) lautet: "wenn man die Waben zerbricht (um sie aus dem Bienenkorb zu nehmen bzw. um den Honig aus ihnen zu entfernen)". Ab diesem Moment droht Verunreinigungs- und damit Profanisierungsgefahr. Heiligkeit, Gottesgegenwart wohnt dagegen nur dem Reinen (sei es ein Mensch oder sei es ein Ding) inne. Um also auf der Seite Gottes, des Heiligen überhaupt, zu stehen, gilt es, sich selber und alle Sachen, mit denen man auch nur im entferntesten in Berührung kommen kann, rein zu halten bzw. so schnell wie möglich deren Reinheit wiederherzustellen. Folglich hat auch dieser abgelegene Traktat immens viel mit Gotteserkenntnis und Gottfindung zu tun - nicht weniger als der Talmudeingang mit der Frage nach dem Zeitpunkt des *Schma'*-Glaubensbekenntnisses am Abend.
Zur Lesbarkeit unserer weißen "Briefe" trägt jedoch bei, daß der Talmud jeglicher Abstraktion und abstrakten Begrifflichkeit abhold ist. Die Diskussion bewegt sich durchgängig auf verständlich-anschaulichem Niveau. Häufig fragen die Talmudweisen: *hechi dame,* "wie ist dies zu verstehen?", "wie läßt sich dies praktisch veranschaulichen?" Darauf folgt entweder eine schwerfällige, umständliche, durch viele Bilder und Beispiele überladene, jedoch durchgängig "bodenständige" und nachvollziehbare Diskussion. Da sich Talmudstudium bekanntlich mittels Memorieren des Textes vollzieht, bedarf es einer durch- und überschaubaren Struktur, ständiger summarischer Schlußfolgerungen und immer wieder der Angabe des leitenden Prinzips: "Dies ist die Regel ...". Oder zwecks Vermeidung von Abstraktion wählen die Rabbinen absichtlich Exkurse und seltsame Abschweifungen (Digressionen), die nur für den Insider Sinn haben - scheinbare Umwege, The-

menverfehlungen, die keine sind! Zum Beispiel (b Sanh 19a) diskutiert R. Jose die Frage der Reihenfolge von Trauernden und Kondolierenden bei einem Begräbnis. Abrupt schließt daran ein weiteres R. Jose-Wort an, das sich jedoch um die Reihenfolge von Mutter und Kind beim Gang durch den Markt dreht. Und eine dritte Anordnung *(Takkana)* jenes Rabbi folgt unmittelbar: Frauen sollen sich bei Benutzung einer öffentlichen Toilette laut unterhalten, damit nicht versehentlich ein Mann eintritt. Erst danach leitet ein anderer Rabbi zur eigentlichen Friedhofsthematik zurück. Offenkundig dient die (mnemotechnische) Gestaltung jenes Passus dem Zwecke leichterer Memorierbarkeit: Die Erwähnung des Rabbi Jose legt es nahe, weitere Entscheidungen von ihm aufzulisten. Das korrekte Gehen auf dem Friedhof läßt an das richtige Gehen auf dem Markt denken; das Stichwort "Frau" (mit Kind) leitet organisch über zum Beispiel mehrerer Frauen in einer Toilette (*Bet ha-Kise*); möglicherweise wird dann per beabsichtigtem Wortspiel zum Ausgangspunkt "Friedhof" (*Bet Olmin!*) zurückgeblendet. Die assoziative Absicht der Rabbinen ist jedoch nie bloße Äußerlichkeit, sondern sie versuchen selbst bei ihren Detailerklärungen sozusagen eine Gesamtschau. Der spezielle Fall (hier: ein lokaler Begräbnisbrauch) wird in generelle Erwägungen integriert. Gerade beim Reden über den Tod soll der Blick auf die allgemeinsten Lebensvollzüge wie Einkaufen auf dem Markt oder das Verrichten der Notdurft nicht verstellt werden. Der Friedhof - kein ausgegrenzter Bereich! Der Tod - er gehört zum Leben! Der Talmud macht dies auf sehr direkte, drastisch konkrete Weise deutlich. Von daher sind seine Exkurse keine Füllsel. Auch hinter ihnen verbirgt sich tiefer Sinn.

Schließlich wehren die vielen *Haggadot* jedwedem Versuch abstrakten Denkens. Sie brechen die halachische Diskussion auf, indem sie sie durch Fallbeispiele (Präzedenzfälle) illustrieren oder auf die ethisch-moralische Dimension verweisen. Von Chaim N. Bialik stammt die klassische Verhältnisbestimmung von *Halacha* und *Haggada:* "Das Antlitz der Halacha: grämlich - das der Aggada: lachend. Jene pedantisch, erschwerend, hart wie Stahl - die Ordnung der Strenge; diese freimütig, erleichternd, weicher als Oel - die Ordnung des Erbarmens. ... Sie verhalten sich zueinander wie das Wort zum Gedanken und Gefühl ..., die Aggada [ist] die wieder flüssig gewordene Halacha."[5] Ähnlich charakterisiert Abraham J. Heschel die *Haggada* durch Schlagworte wie "Spontaneität", "Sehnsucht", "Innerlichkeit", "Sinn des Lebens". "Die Halacha handelt vom Gesetz, die Agada vom Sinn des Gesetzes. Die Halacha hat es mit Dingen zu tun, die in Worte gefaßt werden können; die Agada führt in einen Bereich, der jenseits dessen liegt, was durch die Worte ausgedrückt werden kann."[6] Anders formuliert: *Haggadot* liefern den weißen Raum, den Freiraum für Gedankenflüge, unorthodoxe Handlungs- und Interpretationsmuster sowie für die Behandlung halachisch nicht diskutierbarer Themen wie "Wunder", "Messias", "Auferstehung" und "kommende Welt". In ihnen findet die Gott-Mensch-Beziehung, die geistliche Ausrichtung des Talmuds, ihren deutlichsten Ausdruck. Obwohl die Aufeinanderbezogenheit von *Halacha* und *Haggada* außer Frage steht und jeder bedeutende Rabbi beide Bereiche beherrschen sollte, wurde doch den *Haggada*experten größere Aufmerksamkeit zuteil. Zu ihnen zählte R. Abahu, der dies wie folgt erklärte: "Wenn zwei Kaufleute in eine Stadt kommen, von denen der eine Goldbarren und der andere Kurzwaren feilbietet, so werden die meisten Kunden sich um den letzteren scharen." Das heißt, nicht jeder ist imstande, sich halachische Kenntnisse zu erwerben, während aber jeder *Haggada* verstehen und vermitteln kann.[7] Entsprechend ist auch der volkstümliche Wunsch, weise, reiche und in der *Haggada* kundige Kinder zu haben, zu erklären (b BB 9b). So sind die vielen *Haggadot* als Versuch der Popularisierung der oft esoterisch anmutenden, innerrabbinischen Debatten zu werten. Die Erzählungen des Talmuds zielen letztlich auf die Demokratisierung der *Halacha*. Mit dem Besitz der "Kurzwaren" hält jedermann zumindest einen fernen Abglanz der nicht erschwinglichen "Goldbarren" in Händen. Er erahnt jetzt das "weiße Feuer". Dies erklärt die Beliebtheit der talmudischen Anekdoten bis heute. Jedoch

5. Halacha und Aggada. In: Essays. Berlin, 1925, S. 82f.

6. Gott sucht den Menschen. Eine Philosophie des Judentums. Neukirchen-Vluyn, 1980, S. 258 ff.

7. Nach Adin Steinsaltz: The Essential Talmud. New York, 1976, S. 253.

sollte man nicht meinen, mittels ihrer Kenntnis wirklich schon das Zentrum der mündlichen Tora erfaßt zu haben.

1.4 Der Talmud: Dialogische und demokratische Argumentation

Für den Talmud charakteristisch sind die Protokolle unzähliger Fachdebatten. Genauso typisch ist die in ihnen vorprogrammierte Kontroverse und dabei immer aufs neue die Suche nach dem kleinsten gemeinsamen Nenner bei gegensätzlichen Anschauungen - schier endlose Diskussionen, deren Ziel jedoch nicht unbedingt die Befriedung der Kontrahenten ist. Am Anfang steht eine Frage, am Ende meist abermals eine Frage und keine Synthese der widersprüchlichen Antworten. Zunächst wird freilich jeder Lösungsversuch akzeptiert, registriert und den übrigen genannten Möglichkeiten gleichwertig zur Seite gestellt. Allmählich nehmen die Beweise für die Festigung bzw. Ablehnung einer aufgestellten *Halacha* zu. Doch solange sich durch einen weiteren Rabbi noch eine Alternative aufstellen läßt, ist der Gedankengang nicht stichhaltig. Damit die Auslegung einer bestimmten Tora-Stelle oder eine rabbinische Anordnung akzeptiert wird, bedarf es einer lückenlosen, unwiderlegbaren, unumstößlichen Argumentationskette, selbst wenn diese höchst umständlich und konstruiert anmutet. Der Appell an den gesunden Menschenverstand ist hier gerade nicht gefragt, denn dies wäre zu oberflächlich und ein Problembewußtsein noch gar nicht gegeben. Die Rabbinen beanspruchen für ihre *Halachot* eine Gewißheit, die der von mathematisch-physikalischen Formeln entspricht. Da aber diese nur selten erreichbar ist, dominiert der Argumentationsstil der *Schinuja,* d.h. der ständigen Antwort in Gestalt einer Widerlegung des zuvor Gesagten. Auch wenn nur eine neue Frage am Schluß der Debatte stehen sollte, ist damit schon viel erreicht, denn ein Gedankenfortschritt läßt sich zweifellos erkennen, gewisse Einwände haben sich erledigt, und die Marschroute für die weitere Argumentation zeichnet sich ab. Der Erfolg einer talmudischen Diskussion liegt also keineswegs offen zutage.

Nicht verwunderlich, daß am Anfang und Ende des Talmuds je eine Frage steht: “Von wann an ...?” und daß darauf bereits in der

Mischna unterschiedliche Antworten formuliert werden. Die babylonische *Gemara* zur Einstiegsfrage nach dem Zeitpunkt des Abend-*Schma'* setzt ebenfalls mit (zwei) Fragen ein: "Worauf (auf welche Tora-Weisung) bezieht sich der Lehrer *(Tanna),* wenn er beginnt: 'Von wann an'? Ferner, warum lehrt er zuerst 'am Abend'? Sollte er doch eher mit dem Morgen*(-Schma')* beginnen!" (b Ber 2a). - Die (vor)letzte Mischna des Traktates *Ukzin* (III,11), die nach dem Wann der Verunreinigungsfähigkeit von Honigwaben fragt, listet die differierenden Antworten der in Jesu Tagen florierenden Schulen des Gelehrten Schammai und seines Kontrahenten Hillel auf: "Das (Lehr-)Haus Schammais sagt: 'von dem Moment an, wo man (die Bienen aus den Waben) herausräuchert'. Das (Lehr-)Haus Hillels sagt: 'von dem Moment an, wo man sie (die Waben) zerbricht'". Die Schammai-Schule gilt im Vergleich zu den Hillel-Anhängern in ihren Entscheidungen als zu streng, weshalb Autorität und Ansehen zugunsten der Hilleliten sprechen. So auch hier: Obwohl die Entscheidung darüber, welche der Antworten gültige *Halacha* ist, offenbleibt, folgt man der Ansicht des Hauses Hillel. Nicht schon beim Beräuchern (und damit beim Erwärmen) der Waben, sondern erst bei ihrem Herausbrechen droht der Flüssigkeit "Honig" Verunreinigungsfähigkeit. Der Leser muß dies freilich eigenständig eruieren. Eine kleine Hilfestellung bietet ihm die Faustregel, daß üblicherweise der zweitgenannten, mit dem Namen eines Rabbis versehenen Meinung der Vorzug gegeben, also die abgewiesene zuerst angeführt wird. Daß die Mischna die unterlegenen Schammai'iten überhaupt zitiert, erfolgt ebenfalls im Blick auf den späteren Leser: Wenn er eine andere Problemlösung als die der Hillel-Schule finden sollte, dann jedenfalls nicht die längst abgelehnte der Schammai-Leute!

Talmudische Diskussion ist mehr als eine Sprechweise; sie ist eine Denk- und Lebensform. Wer die mündliche Tora versteht, weiß, wie sich das Judentum selbst versteht. Es hat niemals ein zentrales Lehramt gehabt, das über die richtige Auslegung befunden hätte, sondern es war immer eine demokratisch gesinnte Gemeinschaft. Bis heute sind Rabbiner keine Gemeindeleiter, sondern die einzelnen Gemeinden nehmen durch einen gewählten Vorstand diese Aufgabe selbst wahr. Dem vergleichbar können sich alle an dem Auslegungs- und Anwendungsprozeß der Tora beteiligen. Doch nie hat nur einer recht! Vielmehr ergibt sich im Verlauf der Diskussion vielleicht eine Mehrheitsmeinung, die für die Gemeinden verbindlich wird. Dies bedeutet nicht eine Nivellierung im Stile von: "Wir aber sind der Überzeugung, daß ...", denn die Einzelmeinung bleibt unauslöschlich bestehen und wird weitertradiert. Dieses antidogmatische und antiideologische Verfahren macht deutlich, daß jeder Jude im Denken und Glauben frei ist; niemand wird auf Dogmen, auf sog. ewige Wahrheiten verpflichtet, weil es letztlich kein Wissen um Gott, keine "Theologie", geben kann. Darum halte ich den Talmud aufgrund seines Gesprächscharakters nicht für einen Gesetzeskodex, sondern gerade für *das* Zeugnis des Judentums als einer lebendigen Religion. Nicht das Befolgen von Gesetzen steht im Mittelpunkt, vielmehr die Teilhabe am nie abgeschlossenen gesetzgebenden Prozeß, ein ständiges Unterwegssein bei der Suche nach der göttlichen Weisheit.

Ein Rabbiner von heute spricht zu Recht von "offener Dialektik" und "Antidogmatismus, der allein lebendige Wahrheit möglich macht". "Wenn es [im Talmud] das Sprechen der einen und das Sprechen der anderen gibt, so ist genau da das Sprechen des lebendigen Gottes, lebendiges Sprechen. ... Das göttliche Sprechen ist ein mehrzahliges Sprechen. ... Die Wahrheit beginnt mit zwei."[8] Die Assoziation an das Jesuswort: "Wo zwei oder drei versammelt sind ..." (Matthäus 18,20) liegt nahe. Wenn es um Gottes Wort geht, ist Pluralität angesagt. *Die* Wahrheit gibt es nicht auf nur einer Seite, wie folgende *Haggada* (b Er 13b) unterstreicht: "Drei Jahre lang diskutierten die Schulen Schammais und Hillels miteinander. Die eine sagte: 'Die *Halacha* ist nach uns (festzulegen).' Und die andere sprach: 'Die *Halacha* ist nach uns (festzulegen).' (Da) ertönte eine Himmelsstimme *(Bat Kol)*, die sprach: '(Die Worte) dieser und jener sind Worte des lebendigen Gottes.'" Folglich besitzt jede der beiden Schulentscheidungen gleichviel oder gleichwenig Wahrheit. Sie liegt immer zwischen den Sätzen, "in between"! Da es kein absolutes Wissen gibt, kann

8. Marc-Alain Ouaknin: Das verbrannte Buch. Den Talmud lesen. Berlin, 1990, S. 129, 212f.

es nur das Ringen danach, das Streben nach Reinheit, nach Gotteserkenntnis und nach Erfüllung der Tora geben. Wenn erwähnte Himmelsstimme dann aber fortfährt: "Jedoch ist die *Halacha* nach dem (Lehr-)Haus Hillels (festzulegen)", so macht sie mit dieser Empfehlung eine Konzession an uns Menschen, die wir schließlich wissen müssen, "wo's langgeht". Der Richtigkeit der anderen Entscheidung tut dies keinen Abbruch. So dürfen wir im Talmud nicht zwischen richtig und falsch hinsichtlich einer Lehrmeinung unterscheiden; allenfalls kann die Argumentationskette stimmig oder brüchig sein.

Auf jeden Fall ist die schriftliche Tora irrtumslos, während die Rabbinen für sich selbst nicht Irrtumslosigkeit beanspruchen. Unter Anknüpfung an Jeremia 23,29 lehrt die Schule R. Jischma'els: "So wie ein (Fels durch den) Hammer in viele Splitter zerteilt wird, so wurde auch jedes einzelne Wort, das aus dem Munde des Heiligen, gepriesen sei er, kam, in siebzig Sprachen zerteilt" (b Schab 88b), womit ebenfalls siebzig Aspekte oder Deutungsweisen jedes Tora-Wortes gemeint sein können. Gottes Wort besitzt unendliche Sinnfülle, und deshalb muß es unendlich viele Auslegungsmöglichkeiten geben. Der Ausdruck *Dabar acher,* "eine andere Deutung (desselben Verses)", begegnet häufig und macht evident, "daß jedem einzelnen Juden die Thora ein besonderes, nur für ihn allein bestimmtes und von ihm allein erfaßbares Gesicht zuwendet".[9] Auch vernimmt jede Generation neue Nuancen desselben Wortes. Doch Schriftauslegung muß deshalb nicht immer richtig sein; deshalb bestehen ja einander widersprechende Ausdeutungen, wobei es dann auf die Autorität der betreffenden Rabbinen bzw. des betreffenden Werkes (z.B. der Mischna), in welchem sie überliefert sind, ankommt, wer von ihnen recht behält. Übrigens kann im Blick auf die siebzig "Gesichter" der Tora ein Rabbiner der Gegenwart statuieren: "Ich erkenne an, daß es sich beim Neuen Testament um *eine* Art handelt, in der die göttliche Botschaft an das biblische Israel von

9. Gershom Scholem: Volk des Buches. In: Hans Jürgen Schultz (Hrsg.): Sie werden lachen - die Bibel. Überraschungen mit dem Buch. Stuttgart/Berlin 1975, S. 100.

vielen, gewiß nicht von allen Menschen verstanden werden kann."[10]

Die Textbeispiele werden auch zeigen, daß es für rabbinische Behauptungen sicher genauso viele Begründungsmöglichkeiten aus der Schrift gibt. Kein Rabbiner darf sich üblicherweise auf sein Charisma oder auf eine göttliche Inspiration berufen, sondern muß seine Thesen beweisen. Die Bibel besitzt aufgrund ihrer göttlichen Wahrheit immer eine höhere Beweiskraft als logische Schlußfolgerungen. Zumeist versucht die *Gemara* schriftun-abhängige Mischna-Bestimmungen (nachträglich) mit einem Schriftzitat zu stützen oder Mischna-Dispute als unterschiedliche Deutung eines oder als Berufung der Weisen auf mehrere Bibelworte zu erklären. Diese bewußte Rückbindung der mündlichen Tora an die Schrift dient somit der Autorisierung und Entscheidungsfindung. Wir dürfen also keineswegs unsere historisch-kritische "Meßlatte" an diese rabbinische Exegese anlegen, sondern sollten mit Staunen zur Kenntnis nehmen, welche Facetten der Tora - philosophische, psychologische, politische, mystische, ökonomische, ökologische etc. - im Talmud zu entdecken sind. Wenn wir bereit sind, den weißen Interpretationsraum zwischen den Zeilen zu füllen, werden wir vielleicht dankbar auch in das für uns bestimmte und ausschließlich uns zugewandte "Gesicht" der Tora blicken.

1.5 Der Talmud: Unaufhörliches Lernen und Lehren

Wenn talmudische Diskussion gemeinschaftliches Denken und gemeinsames Studium bedeutet, dann läßt sich hieraus definieren, was ein idealer Talmudweiser ist: Er ist nicht in erster Linie Meister der Antwort, sondern ein Meister des sezierenden Fragens. Er weiß, daß die Antwort den Tod der Frage und damit das Ende von Fortschritt und Dynamik bedingt. Darum versucht er durch fortwährend neues Fragen jedem Status quo auszuweichen und die Ansicht seiner Dialogpartner zu destabilisieren. Ein Rabbi versteht folglich sein Torastudium als ein lebenslanges Ringen

10. Jakob J. Petuchowski: Mein Judesein. Wege und Erfahrungen eines deutschen Rabbiners. Herder TB/Spektrum. Bd. 4092. Freiburg, 1992, S. 132.

nach Weisheit und Einsicht. Daß in einem Lehrhaus *(Bet ha-Midrasch)* oder in einer Talmud(hoch)schule *(Jeschiba)* kein unverbindlicher Ideenaustausch gepflegt wird, kann man schon von draußen hören. Innen rege Betriebsamkeit, ein Durcheinander von Sitzen, Stehen und Laufen. Einige schreiben, andere streiten miteinander, wieder andere sind über ihrem Talmudfolianten eingeschlafen. Man sieht mit einem Blick: Hier geht es um die Sache, nicht um die Person irgendeines Rabbis. Alle sind letztlich nur Studenten, die ihrerseits immer wieder in Frage gestellt werden und somit die Bruchstückhaftigkeit allen Wissens zutiefst erfahren.

Die Titulatur der Rabbinen bringt dies auf den Punkt: *Talmid Chacham,* "Schüler eines Weisen" bzw. "weiser Schüler". Nie darf einer von sich behaupten: "Ich hab's begriffen"; er ist allenfalls einem anderen ein Stück voraus, aber dennoch wie jener unterwegs und nie am Ziel. Wer alles zu wissen vorgäbe, würde auf der Stelle treten. Noch einmal: Der Talmudgelehrte ist "kein Sophos also, sondern ein Philosophos, kein Weiser, dessen geistiges Besitztum zu abgerundeter Statik gelangt wäre, sondern ein Liebhaber der Weisheit, der sie täglich neu dynamisch zu mehren und zu bewahren" hat.[11] Ein Schüler lernt von seinem Lehrer und umgekehrt: Der Lehrer profitiert von seinem Schüler. "Rabbi (Jehuda) sagte: 'Viel Tora habe ich von meinen Lehrern gelernt; mehr als von diesen lernte ich von meinen Kollegen und am allermeisten von meinen Schülern.'" (b Mak 10a) Dazu eine eindrucksvolle *Haggada,* die mit dem Tod von R. Schim'on, einst Schüler, dann ebenbürtiger Kollege Rabbi Jochanans, einsetzt (b BM 84a): "Als die Seele von Rabbi Schim'on ben (d.h. Sohn des) Lakisch ihre Ruhe fand, trauerte Rabbi Jochanan sehr um ihn. Die *Rabbanan* sprachen: 'Wer soll hingehen, um sein Gemüt zu beruhigen? - Es soll Rabbi El'azar ben Pedat hingehen, dessen (halachische) Diskussionen äußerst scharfsinnig sind.' Dieser ging hin und setzte sich vor ihm nieder. Zu jedem Wort, das Rabbi Jochanan sprach, sagte er ihm: 'Es gibt (dazu) eine Lehre, die dich

11. Hans Lamm: Geschichte der jüdischen Erwachsenenbildung. In: Franz Pöggeler (Hrsg.): Geschichte der Erwachsenenbildung. Handbuch der Erwachsenenbildung. Bd. 4. Stuttgart/Berlin/Köln/Mainz, 1975, S. 361.

stützt.' Er (R. Jochanan) entgegnete: 'Du willst sein wie Lakischs Sohn, (wie) Lakischs Sohn? Wenn ich (auch nur) ein Wort sagte, brachte er gegen mich (sogleich) 24 Widersprüche vor, und (doch) antwortete ich ihm mit 24 Problemlösungen. Und dadurch wurde die (halachische) Diskussion erweitert. Du hingegen sagst: Es gibt eine Lehre (wörtlich: 'es wurde gelehrt', folglich: eine *Baraita*), die dich stützt. Weiß ich denn nicht selber, daß das, was ich sage, stimmig ist?' Da ging er hin und zerriß seine Kleider (aus Trauer) und rief weinend: 'Wo bist du, Sohn des Lakisch? Wo bist du, Sohn des Lakisch?' Und er klagte solange, bis er seinen Ver-stand verlor. Da flehten die *Rabbanan* für ihn um Erbarmen, worauf seine Seele Ruhe fand."

Der Verlust des rabbinischen Kontrahenten bedingt Jochanans Tod. So wie es ohne ein Gegenüber keinen Dialog geben kann, so auch nicht, wenn das Gegenüber nur zustimmend "Ja und Amen" sagt. Dies bedeutet Stagnation, aber nicht Progression und Aufbruch zu neuen Ufern. Jochanan hat damit seinen Lebensinhalt verloren. Über El'azar läßt sich lapidar statuieren: "Der Schüchterne lernt nicht." (M Ab II,5 [6]) Wenn wir Talmud wirklich studieren wollen, dann nicht durch bloßes Lesen, vielmehr durch gegenseitiges Lernen und Abfragen, um den Monolog zu durchbrechen. Erst der Dialog erschließt dessen Tiefenstruktur und beseitigt Distanz, Reserviertheit ihm gegenüber. Lebenslanges Lernen charakterisiert bis heute einen gläubigen Juden. Die ihm in der Vergangenheit aufgezwungene räumliche und soziale Absonderung ließ ihn seine wahre Heimat im unzerstörbaren Wort finden. Seine sogenannte intellektuelle Überlegenheit verdankt sich nicht einer besonderen biologischen Veranlagung, sondern gerade dieser Tora-Beheimatung, die Gedächtnis und Verstand schärft.

Wenn die Tora das ganze Volk prägen soll, dann kann Gelehrtendasein nicht Privileg weniger sein. Wissen läßt sich nicht vererben! Viele der klassischen Rabbinen - selbst wenn sie später die unangefochtene Elite des Volkes und Gelehrtendynastien bilden - bleiben stolz auf ihre ärmliche, ungebildete Abkunft. Hillel (b Joma 35b) und R. Akiba (b Ket 62b/63a) sind zwei Paradebeispiele, die belegen, daß *jeder* Jude, wenn er Begabung und Willen zeigt, die Möglichkeit besitzt, ein Weiser zu werden.

Toragelehrte sind ein Symbol der Tora, ja sogar ihre Personifikation. Indem sie die Tora jeder neuen Zeit angepaßt leben, garantieren sie den Fortschritt der Tora, weshalb die Ernsthaftigkeit ihrer Auslegungsbemühungen außer Frage steht. Selbst ihre alltäglichen Gespräche über Gott und die Welt werden darum einer Niederschrift für würdig befunden. Auch mit ihren manchmal trivialen Anschauungen und seltsamen Ratschlägen auf hygienischem, anatomischem, astronomischem, sexuellem oder botanischem Gebiet tragen sie somit Vorbildcharakter für die Späteren. Die Wertschätzung der Tora schließt die Wertschätzung der Rabbinen ein (und umgekehrt).

Ferner bedeutet Respekt vor dem Rabbi die Respektierung der gesamten rabbinischen Tradition. Der Talmudweise identifiziert sich mit den ihm zeitlich vorausgegangenen Lehrern und macht sich ihre Gedanken zu eigen. Er versteht, seine Erkenntnisse denen seiner Vorgänger unterzuordnen, um somit in der Tradentenkette, bei Mose am Berg Sinai beginnend, aufzugehen. Immer wieder muß er feststellen, daß seine Entdeckungen mit denen des Rabbi X oder Y deckungsgleich sind, und bekennen: "Ich bin geringer in Weisheit als die, die vor mir waren." Doch gerade diese Einbindung in die Überlieferung läßt ihn in seinen Tagen auch bislang ungelöste Fragen beantworten und neue stellen, so daß er über reine Reproduktion hinaus seinerseits richtungsweisend und neuschöpferisch tätig wird. Freilich bleibt er sich ständig dessen eingedenk, daß das, was er selbst eruiert, doch schon Mose am Sinai von Gott übermittelt worden ist. Die Fortschritte sind in der Tora bereits angelegt. Wer sie erkennt, ist folglich kein Neuerer, sondern bestätigt lediglich längst Feststehendes. Rabbinisches Lernziel bleibt es, die Meister der Vergangenheit halachisch zu "verlängern" und neugestalterisch für die Tora-Zukunft zu wirken, wobei dies nur durch Rückbezug auf die Tradition und geistige Annäherung an die Offenbarung vom Berg Sinai möglich ist. Der *Talmid Chacham* muß darum immer auch zwischen den Zeilen und am weißen Rand zu lesen verstehen.

Mittels des ersten und letzten Buchstabens der Tora läßt sich summarisch rabbinischer Glaube und Leben auf rabbinische Art charakterisieren: Die Schöpfungsgeschichte beginnt mit dem *Bet*, dem zweiten Buchstaben des hebräischen *Alefbet: be-Reschit,* "am Anfang". Warum nicht mit dem ersten? Weil das *Alef* demütig, bescheiden war und dem Gotteslob den Vortritt einräumte, denn das *Bet* steht meist im Eingang von Gebeten: *baruch,* "gepriesen sei ...". Die Tora schließt mit einem *Lamed* im Namen "Israel" (5. Mose 34,12). Es ist zudem der einzige Buchstabe des *Alefbet,* der über die Schriftlinie nach oben hinausgeht. Das Verb *lamed* heißt "lehren"; damit verwandt ist *lemod,* "lernen". Will sagen: Ein Schüler lernt, um zu lehren. Er transzendiert zugleich das Geschriebene und bewegt sich im weißen Raum über den schwarzen Buchstaben. Ein demutsvolles Leben im Angesicht Gottes und ein kontinuierliches Lernen des Ungeschriebenen! Wollen wir den Talmud verstehen, haben wir uns dieser Einstellung zu befleißigen.

Teku, "laß es stehen", "die Frage muß unbeantwortet bleiben" - so stellt sich oft der Befund im Talmud dar. Er kann darum nicht bloß, wie etwa das BGB, nachgeschlagen werden, sondern fordert seine Leser zur kreativen Weiterarbeit auf. Zwar gibt er den Weg der Wahrheitsfindung und der Festigung der *Halacha* vor, überläßt aber die weitere Ausformung den nachfolgenden Generationen. Wie die *Amora'im* in Gestalt der *Gemara* die Mischna verdeutlichen, so die *Sabora'im* und *Geonim* ihrerseits durch Ergänzungen die *Gemara.* Und der *Chidusch,* die "Neuinterpretation", "Sinnerweiterung", wird bis in fernste Zukunft weitergehen. Fragen wie diese warten auf immer neue Lösung: Wie ist es um die Gültigkeit eines mit einem Rabbinennamen versehenen Mischnasatzes gegenüber anonymen, d. h. namenlos überlieferten *Halachot* bestellt? Nach welchem Rabbinen hat man in einem Kontroversfall zu entscheiden? Wann gebührt der Ansicht eines Schülers gegenüber der seines Lehrers der Vorzug? Welche Kriterien lassen sich zwecks Fixierung einer *Halacha* der Reihenfolge der präsentierten Ansichten oder aus gewissen stilistischen Indizien entnehmen? Zwar wird dem babylonischen (bT) gegenüber dem palästinischen Talmud (pT) aufgrund seines späteren Abschlusses und sorgfältigeren Endredaktion der Vorrang eingeräumt, aber gesetzt den Fall, daß zu einem bestimmten Problem nur die pT-Version vorliegt: Kann man dann einfach diese übernehmen? Indem sie diese Frage weiterreichen, bauen die Talmudweisen eine unendliche Beziehung auf und schlagen die Brücke zwischen ihrer Zeit und der jeweiligen Gegenwart. Auf einmal merken wir, daß der weiße Talmud-"Brief" auch an uns adressiert ist. Wir sind imstande, ihn lernend zu lesen und eine Antwort zu formulieren. Auch von uns hängt es daher ab, ob wir uns mit dem kargen Text zufriedengeben oder ob wir ergründen, was ihm zugrunde liegt - ob wir wollen, daß die Debatte stagniert oder vorwärtsgeht. Wenn wir behutsam den Umgang mit dem weißen Feuer üben, werden wir selbst zu staunenden Zuhörern in jener permanent tagenden Versammlung des jüdischen Geistes.

1.6 Aufgabe: Wann ist Abend bezüglich des Abendgebetes?

Nunmehr wollen wir die bereits mehrfach angeführte erste Mischna des ersten Traktates zusammenhängend samt dem Beginn der babylonischen *Gemara* "lernen". - *M Ber I,1:*

[I] Von wann an liest man das *Schma'* (-Bekenntnis) am Abend? - Von der Stunde an, da die Priester (ins Heiligtum oder in ihre Wohnung) eintreten, um von ihrer Hebe zu essen.
[II] "Bis zum Ende der ersten Nachtwache", (so) die Worte von Rabbi Eli'ezer.
[III] Aber die Weisen sagen: "Bis Mitternacht!"
[IV] Rabban Gamli'el sagt: "Bis aufsteigt die Säule der Morgenröte."
[V] Eine Begebenheit: Seine (Gamli'els) Söhne) kamen (erst nach Mitternacht) aus dem Festhaus (oder: Wirtshaus). Sie sagten zu ihm: "Wir haben (noch) nicht das *Schma'* gelesen." Er antwortete ihnen: "Solange nicht die Säule der Morgenröte aufgestiegen ist, seid ihr (noch) zum Lesen verpflichtet."
[VI] Und nicht bloß darauf (d.h. im Blick auf das *Schma'*-Lesen), sondern in bezug auf alles, wovon die Weisen sagten: "bis Mitternacht", (meint) ihre Bestimmung (*Mizwa*): bis die Säule der Morgenröte aufsteigt. (In bezug auf) die Verbrennung von Fett und Gliedern (der Opfertiere meint) ihre Bestimmung: bis die Säule der Morgenröte aufsteigt. Und in bezug auf alles, was (von geschlachteten/geopferten Tieren) an

ein und demselben Tag gegessen werden muß, (meint) ihre Bestimmung: bis die Säule der Morgenröte heraufsteigt.
[VII] Wenn (dem) so ist, warum sagten die Weisen (dann): "bis Mitternacht"? - Um die Menschen von der Übertretung (der Tora) fernzuhalten.
b Ber 2a: Worauf (auf welche Tora-Weisung) bezieht sich der (Mischna-)Lehrer (*Tanna*), wenn er beginnt: "Von wann an"? Ferner, warum lehrt er zuerst "am Abend"? Sollte er doch eher mit dem Morgen(-*Schma'*) beginnen! - Der *Tanna* bezieht sich auf den Schriftvers, wo es heißt (5. Mose 6,7): *(Und du sollst von ihnen reden ...,) wenn du dich niederlegst und wenn du aufstehst.* Darauf bezogen statuiert er, wann die Zeit des *Schma'*-Lesens beim Sich-Niederlegen beginnt (nämlich): "Von der Stunde an, da die Priester eintreten, um von ihrer Hebe zu essen". Wenn du willst, kann ich (darauf auch so) antworten: Er (der *Tanna*) lernte dies aus (dem Bericht über) die Schöpfung der Welt, in welchem es heißt (1. Mose 1,5): *Und es wurde Abend, und es wurde Morgen: ein Tag.*

a) Worüber streiten die Rabbinen sich?
b) Wer von ihnen bekommt recht?
c) Was bezweckt die *Haggada?*
d) Erklären Sie die Abschweifung vom Thema! Lesen Sie dazu 3. Mose 7,2-5.15; 22,29f.!
e) Beurteilen Sie historisch jene Debatte!
f) Wie ist es um ihre Tora-Anbindung bestellt?

Kapitel 2: Der Sondertraktat *Berachot*

2.1 Vorbemerkung: Jüdisches Beten

Wir wollen uns in diesem Kapitel mit einer anderen Fragestellung aus dem ersten Talmudtraktat *Berachot* beschäftigen. Er gehört offiziell zur Ordnung *(Seder)* I, "Saaten", d.h. zu den Abhandlungen, die sich der Landwirtschaft Israels, vor allem den von der Tora geforderten Ernteabgaben, widmen. Doch scheint *Berachot*, "Segenssprüche", "Lobpreisungen", "Benediktionen", wegen seines zentralen Themas - richtiges Beten, Verehrung Gottes - als Exposition zum gesamten Talmud eine Sonderstellung einzunehmen. Eine typische *Beracha* wäre beispielsweise: "Gelobt *(baruch)* seist du, Herr, unser Gott, König der Welt, für die Ernährung und die Erhaltung ...!" - zu sprechen nach dem Genuß von Mehlspeisen. Ausdrücklich von der Tora geboten ist lediglich die *Beracha* nach Tisch (5. Mose 8,10: "und du sollst essen und dich sättigen und preisen *[u-berachta]* den Herrn, deinen Gott"), weshalb ihrer Ausformulierung, abhängig von der Art des Essens, viel Platz eingeräumt wird. Daß dieser Traktat deswegen, weil die Nach-Tisch-*Beracha* in der Bibel nur nach dem Genuß gewisser Pflanzenspeisen angeordnet ist, in den Seder "Saaten" eingereiht worden sei,[12] klingt hingegen wenig plausibel. Alle übrigen in *Berachot* gebotenen Gebete fußen jedenfalls auf rabbinischer, nicht biblischer Anordnung.

Es ist einer der längeren, aber zugleich aufgrund der Vielzahl von haggadischen Passagen einer der verständlichsten und am übersichtlichsten gegliederten Traktate. Unter dem Gesichtspunkt der Rangreihenfolge behandelt die Mischna zuerst in

- Kap. I-III das "Höre Israel"-Gebet *(Schma')*: Zwar besteht sein Kern aus Toraworten (s.o. S. 14), doch daß diese täglich zwei-

12. Ascher Sammter: Mischnajot. Teil I: Ordnung Sera'im. Basel, ³1968, S. XXVIII.

mal *gebetet* werden müssen, beruht auf weit späterem Brauch. Auf einem Papyrusblatt um 150 v. Chr. (Papyrus Nash) findet sich ein Fragment der Zehn Gebote und des *Schma'*-Anfangs (5. Mose 6,4f.), so daß man jedenfalls auf seinen Gebrauch zu unterrichtlichen oder liturgischen Zwecken schon für jene Zeit rückschließen darf. Auch die Tempelpriester sollen es täglich bereits zusammen mit den bis heute gebräuchlichen, es rahmenden Lobsprüchen gelesen haben (M Tam IV,3; V,1), so daß folglich Jesus die *Schma'*-Rezitation im Sinne eines Glaubens-bekenntnisses höchstwahrscheinlich kannte und praktizierte (Markus 12,29f.; siehe dazu auch 2.3).

- Kap. IV-V stellen das Achtzehn(-Bitten)-Gebet, kurz: "das Gebet" (schlechthin), ins Zentrum (s.u. 2.2), dessen Ursprünge ebenfalls in vorchristliche Tage zurückreichen, das seine endgültige Anordnung jedoch erst nach dem Fall des Tempels Ende des 1. Jhdt.s nach Chr. (b Ber 28b-29a) und seine standardisierte Form in nach-talmudischer (gaonäischer) Zeit erhielt. Aufgrund der Zweiteilung einer in älteren Versionen noch zusammenstehenden Bitte (um den Wiederaufbau Jerusalems und um das Kommen des Messias) enthält es heute 19 Bitten, die jeweils mit einem zusammenfassenden Lobpreis schließen. Als Beispiel die siebente Bitte: "Schaue auf unser Elend, führe unseren Streit und erlöse uns rasch um deines Namens willen, denn du bist ein starker Erlöser. Gelobt *(baruch)* seist du, Herr, der du Israel erlösest!"

- Kap. VI-VIII beschäftigen sich mit Tischgebeten, d.h. mit den entsprechenden Formulierungen des Lobpreises vor dem Essen und vor allem mit dem ausführlichen Dankgebet nach Tisch, dessen vier Teile (Dank für die Nahrung, das gute Land Israel und für den Tempel; Preis der Güte Gottes) von den Talmudweisen auf vier verschiedene Verfasser (Mose, Josua, David, Tanna'iten) zurückgeführt werden (b Ber 48b).

- Kap. IX behandelt schließlich *Berachot* in persönlichen Lebenslagen (bei guten wie bösen Widerfahrnissen) und in besonderen Situationen (Erdbeben, Regenschauer etc.), zum Beispiel: "R. Jehuda sagt: 'Wer das große (d.h. das Mittel-)Meer (nur von Zeit zu Zeit) sieht, spreche: Gelobt sei, der das große Meer erschuf!'" (M Ber IX, 2)

Neben der Formulierung der diversen Gebete diskutiert unser Traktat ihre Rahmung/Erweiterung durch lyrische Stücke *(Pijutim)* oder die Variierung ihres Kernbestandes an Sabbat und Festtagen. Es werden die Gebetszeiten (in Anlehnung an die Opfertermine am Tempel), die Gebetshaltung (stehend oder sitzend, bei der Arbeit, auf Reisen) und Gebetsrichtung (das sprichwörtliche Fenster nach Jerusalem, s. Daniel 6,11) festgelegt, ferner, welche Gebete allein oder gemeinschaftlich und welche laut oder leise gesprochen werden müssen; schließlich: Wer ist von bestimmten Gebeten befreit (beispielsweise Trauernde)? Somit ist es *Berachot* um ein durch und durch geheiligtes, von Gott durchdrungenes Dasein zu tun: In allen Lebenslagen soll er im Mittelpunkt stehen. Der Traktat ist zudem das entscheidende Dokument für die gewandelten gottesdienstlichen Vollzüge in tempelloser Zeit. Er liefert liturgisches Basisgut für die verschiedensten religiösen Anlässe und für die Praxis der Synagoge, des "kleinen Heiligtums", das zwar schon neben dem Tempel in In- und Ausland floriert, das aber nach dem Wegfall des Jerusalemer Kultortes und seiner hierarchischen Organisation das spirituelle, demokratisch verfaßte gebetsliturgische Zentrum allüberall wird. "Abba Binjamin sagt: 'Das Gebet des Menschen wird nirgendwo (anders) erhört als in der Synagoge.'" (b Ber 6a) "R. Pinchas sagte im Namen von R. Oschaja: 'Wer in der Synagoge betet, bringt (Gott) sozusagen ein reines Opfer dar.'" (p Ber V,1,8d) Ähnliches gilt nunmehr für das private Zuhause, weshalb speziell für dort konzipierte Gebete die Einwohnung Gottes *(Schechina)* fördern sollen. Das gemeinsame Mahl ist ebenfalls eine Art Opferersatz. Neben dem Tischgebet ist auf die Reinheit der Speisen und der Teilnehmer zu achten. (M Ber VII,1f.)

Uns mag die Reglementierung jüdischen Betens vielleicht streng erscheinen. Ursprünglich dominierte sicher das spontane Gebet, wovon viele Psalmen zeugen. Doch gerade analog zu ihrer Tradierung in fixierter Form wurden fest formulierte Gebete geprägt, die freilich zunächst nur mündlich kursierten: "Die Schreiber von Segenssprüchen *(Berachot)* sind denen gleichzuachten, die die Tora verbrennen." (b Schab 115b) Verschiedene Fassungen (etwa palästinische und babylonische) derselben Stücke bestanden nebeneinander. Doch der vom Talmud negierte

Zeithintergrund - nämlich die Bedrohung des sich nach dem Jahr 70 n. Chr. neu formierenden Judentums von innen her - förderte zweifellos zwecks Demonstration der Uniformität die Verschriftlichungs- und Vereinheitlichungstendenz. Heterodoxe (abweichende) Lehrmeinungen gegenüber der jetzt orthodoxen Norm der pharisäisch-rabbinischen Richtung - seien es die von Gnostikern, jüdischen Freigeistern oder Judenchristen - mußten ausgeschieden werden. Deshalb wurde um das Jahr 80 n. Chr. auch die 12. Bitte des Achtzehngebetes wie folgt formuliert: "Den Abtrünnigen sei keine Hoffnung, und das Reich des Übermuts entwurzele bald, in unseren Tagen! Die Nazarener *(Nozrim)* und die Häretiker *(Minim)* mögen in einem Augenblick vergehen; sie seien getilgt aus dem Buch des Lebens ...!" Christen konnten diesen "Ketzersegen" natürlich nicht mehr mitbeten und waren damit von der Synagoge ausgeschlossen.
Jüdische Gebetbücher *(Siddurim)* gibt es übrigens zuerst im 8./9. Jhdt. n. Chr. in Babylonien. Juden begrüßen diese bis heute bestehende feste Gebetsordnung, denn sie zeigt einerseits die Verwurzelung in der Tradition der Väter. Andererseits bietet sie Hilfestellung für die vielen, die nicht im Gebet geübt sind und ihre innersten Gedanken nicht auszudrücken vermögen. Wie leicht wird sonst Gott durch "heidnisches Plappern" (Matthäus 6,7) entehrt! Allein schon ein doppeltes "Wir danken, wir danken" könnte die Verehrung zweier göttlicher Wesen nahelegen und das Bekenntnis zum einen Gott gefährden (b Ber 33b). So ist unser Traktat eine wichtige Quelle für alte Gebetsformulierungen und ein Plädoyer für den geregelten, gemeinschaftlichen Lobpreis.
"Rabbi Me'ir spricht: 'Der Mensch ist verpflichtet, täglich (mindestens) hundert *Berachot* zu sprechen.'" (b Men 43b)

2.2 Übungsbeispiel: Zwischenfall beim Achtzehnbitten-Gebet

Aus der Darstellung des Achtzehngebetes wird eine Mischna sowie ein Teil der dazugehörigen babylonischen im Vergleich zur palästinischen *Gemara* ausgewählt.

M Ber V,1: Nicht steht man zum Beten außer in ernster Stimmung (wörtlich: "aus Schwere des Hauptes heraus"). Die ersten Frommen (Chassidim) pflegten (immer) eine Stunde zu warten und (dann erst) zu beten, um ihr Herz zu richten auf ihren Vater, der im Himmel ist. Selbst wenn der König seinen Gruß entbietet, erwidert man ihm nicht. Und selbst wenn eine Schlange sich einem um seine Ferse ringelt, unterbricht man (das Gebet) nicht.

Es handelt sich um eine namenlos überlieferte, d.h. von der Weisen-Mehrheit festgesetzte *Halacha.* Abweichende Ansichten gibt es offenbar nicht. Eine biblische Verankerung ist ebenfalls nicht zu erkennen. Der erste Satz beinhaltet die Lehre selbst, des weiteren durch drei Fälle auf haggadische Weise beispielhaft illustriert: wie die Frommen von ehedem beteten, wenn ein König zur Gebetszeit vorbeikommt, wenn sich eine Schlange dem Beter bedrohlich nähert.

Einzelheiten: Üblicherweise steht man beim Beten (s. Markus 11,25); hier ist konkret das 18-Bitten-Gebet gemeint, das im Stehen gebetet werden *muß,* weshalb es auch als *Amida,* "das Stehen", bezeichnet wird. Nur in bestimmten Ausnahmefällen (z. B. während einer Reise auf einem Reittier oder in einem Wagen) ist seine Verrichtung sitzend möglich (M Ber IV 5 f.). Die *Amida* ist nicht nur bis heute das Hauptgebet jedes Synagogengottesdienstes, sondern muß zu den drei täglichen Gebetszeiten (Psalm 55,18) gesprochen werden - im Unterschied zum *Schma',* das nur zweimal, beim Schlafengehen und Aufstehen, geboten ist. Man betet leise (vgl. 1. Samuel 1,13), stellt die Füße nebeneinander (vgl. Ezechiel 1,7), wendet sich in Richtung Jerusalem, wo das Heiligtum des Herrn stand, geht symbolisch drei Schritte vorwärts, um sich Gott zu nähern (vgl. 1. Mose 18,23), und vor der Schlußbitte drei Schritte ehrfürchtig zurück, wobei man sich nach links, rechts und nach vorne verbeugt, so als ob man sich von einem König verabschieden würde. Die ersten drei Bitten stellen einen einzigen Lobpreis Gottes dar, die drei letzten artikulieren den Dank. Dazwischen befinden sich 13 Bitten für persönliche geistige wie leiblich-materielle Nöte (u.a. die Bitte um Einsicht, um Heilung und Wohlstand) und auf das gesamte Volk Israel bezogene Anliegen (u.a. die Bitte um Rückführung der Zerstreuten und um den Aufbau Jerusalems). Auch wenn es aus späteren Tagen datiert, läßt sich praktisch jede Gebetsäußerung auf eine biblische Vorlage zurückführen.

Ferner entnehmen wir unserer Mischna, daß das Achtzehngebet in ernster, demütiger Gemütsverfassung zu sprechen ist. An anderer Stelle heißt es, daß das Gebet nichts nützt, wenn es als bloße "Pflichtkür" und Last angesehen wird (b Ber 29b). Im besonderen kommt es auf die Ausrichtung des Herzens auf Gott an. Juden nennen diese Haltung *Kawwana,* "Andacht", "Intention", "Richtung der Aufmerksamkeit". Sie markiert den Gegensatz zu bloß mechanischem Beten oder perfektem Rezitieren. "*Kawwana* bedeutet, das Herz von allen Gedanken zu entleeren und sich so zu betrachten, als ob man vor der Gottesherrlichkeit stünde." (Maimonides) Der Beter soll verstehen, was er betet, und darf sich bei seiner Hingabe nicht stören lassen. Wer dies nicht kann, soll solange warten, bis er es kann, selbst wenn es drei Tage dauert (nach Maimonides).[13] Beten erschöpft sich nicht im Bitten, sondern bedeutet ein Einswerden mit und Jasagen zu Gott.

Als klassisches Vorbild hierfür nennt die Mischna die "ersten Frommen". Damit sind wohl weitestgehend die Vorläufer der Rabbinen in den beiden letzten Jahrhunderten vor unserer Zeitrechnung gemeint: charismatische Persönlichkeiten, die die *Mizwot* sorgfältig beachteten, sich möglichst vor jeder Sünde hüteten und daher freiwillig Schuldopfer am Tempel darbrachten. Sie galten auch als "Männer der Tat", weil sie das Tun der Gottesgebote über die theoretische Beschäftigung mit ihnen stellten und weil sie gerade einen Blick für ihre notleidenden Mitmenschen besaßen und ihnen wirklich durch Rat und Tat, oft sogar durch Wunder, halfen. Sie erinnern an die frühen biblischen Propheten, etwa an Elia oder Elisa, die im Gegensatz zu den späteren Schriftpropheten mehr durch ihre Wunder als durch Worte von sich reden machten (z.B. 1. Könige 17; 2. Könige 4). Bereits die schriftgelehrten "Paare" wie Hillel und Schammai um die Zeitenwende

13. Maimonides-Zitate bei: Jacob Soetendorp: Symbolik der jüdischen Religion. Gütersloh, 1963, S. 114, 120.

rückten jedoch stärker Tora-Studium und die halachische Diskussion ins Zentrum, verbunden mit zunehmender Distanzierung von banal weltlichen Angelegenheiten. Inwieweit Jesus, den die Emmausjünger einen "Propheten, mächtig in Tat und Wort", nannten (Lukas 24,19), dem chassidischen wie dem schriftgelehrten Ideal verhaftet war, sei zumindest als Problemanzeige angemerkt.
Jene "Frommen" konzentrierten sich jedenfalls jeweils eine Stunde lang auf ihr anschließendes Gebet: Ausdruck von Gottesfurcht und rechter *Kawwana,* ohne die das Gebet reines Wortgeklingel, ein Leib ohne Seele, wäre. Ihre Praxis wird der Allgemeinheit empfohlen, obgleich nicht geboten. Doch auf keinen Fall soll man sich während des Gebetes stören lassen. Die Furcht gegenüber einem König aus Fleisch und Blut ist doch weniger begründet als die vor dem König der Könige, merkt die *Gemara* an, obwohl wenigstens R. Josef empfiehlt, beim Herannahen eines nichtjüdischen Königs, der ja die jüdischen Gebetsgepflogenheiten nicht kennt, lieber zu unterbrechen und ihm sein: "Schalom" zu erwidern (b Ber 32b/33a). Wie aber ist zu verfahren, wenn eine Schlange auftaucht? Liegt hier nicht absolute Lebensgefahr vor? Lesen wir dazu die babylonische *Gemara:*

b Ber 33a: [I] Rab Scheschet sagte: "Sie (die Tanna'iten) lehrten dies nur von einer Schlange, aber bei einem Skorpion unterbricht man (folglich)." Man wandte (gegen ihn) ein: "Fiel jemand in eine Löwengrube, bezeugt man über ihn nicht, daß er tot sei. Fiel (hingegen) jemand in ein Loch voller Schlangen oder Skorpione, bezeugt man (doch wohl) über ihn, daß er tot sei." - "Es ist anders dabei, weil sie ihn aufgrund des Druckes verletzen."
[II] R. Jizchak sagte: "(Wenn) man Ochsen sieht, unterbricht man, weil Rab Oschaja lehrte: Man entfernt sich von einem harmlosen Ochsen fünfzig Ellen, aber von einem bezeugten Ochsen, soweit das Auge reicht." Im Namen R. Me'irs wird gelehrt: Ein Ochsenkopf im Futterkorb: steige aufs Dach hinauf und wirf die Leiter unter dir um! Schemu'el sagte: "Dies ist nur der Fall bei einem schwarzen Ochsen und in den Tagen

des (Monats) *Nisan,* weil (da) der Satan ihm zwischen seinen Hörnern herumtanzt!"
[III] Die *Rabbanan* lehrten: "(Folgende) Begebenheit: An einem (gewissen) Ort gab es eine Schlange, und sie verletzte die Menschen. Sie (die Bewohner des Ortes) kamen und meldeten (dies) dem R. Chanina ben Dosa. Er sprach zu ihnen: 'Zeigt mir ihr Loch!' Sie zeigten ihm ihr Loch. Er stellte seine Ferse auf die Öffnung des Loches. Sie kam heraus und biß ihn. Aber eben diese Schlange starb. Er legte sie über seine Schulter und brachte sie ins Lehrhaus *(Bet ha-Midrasch).* Er sprach zu ihnen: 'Seht, meine Kinder, - nicht eine Schlange tötet, sondern die Sünde tötet!' In eben dieser Stunde sprachen sie: 'Wehe dem Menschen, der auf eine Schlange trifft! Doch wehe der Schlange, die auf R. Chanina ben Dosa trifft!'"

Aufgrund unserer Mischna verwundert nicht, daß auch die *Gemara* in haggadischem Stil gehalten ist, daß sie weitere Fälle diskutiert, wo ein Abbruch des Gebetes geboten scheint, und daß sie uns schließlich in einer biographischen Erzählung einen der Frommen von ehedem, Chanina ben Dosa, der in der Mitte des 1. Jhdt.s n. Chr. wirkte und darum als letzter der "Männer der Tat" gilt (M Sot IX,15), vorstellt. Erst die *Gemara* beruft sich auf konkrete Rabbinen (babylonische Amoräer) aus dem 3. und Anfang des 4. Jhdt.s n.Chr., während die Bezugnahme auf Rab Oschaja und Rabbi Me'ir einen palästinischen *Amora* (Anfang des 3. Jhdt.s) und *Tanna* (Mitte des 2. Jhdt.s) meint. Jene Diskussion ist also frühestens im 4. Jhdt. in einer babylonischen Akademie (Rab Scheschet wirkte in Nehardea und Machoza) skizziert worden, wobei die Traditionskette nach Israel, bis auf R. Chanina im 1. Jhdt., zurückreicht.
In [I] versucht Rab Scheschet zwischen der in M erwähnten Schlange, die den bewegungslos verharrenden Beter nicht gefährdet, und einem (von M nicht berücksichtigt!) Skorpion, der immer zubeißt, weshalb hier die *Amida* zu unterbrechen sei, zu differenzieren. Den anonym vorgetragenen Einwand, daß derjenige, der in eine Löwengrube fiel, nicht unbedingt für tot erklärt werden müsse (die Löwen könnten ja gerade satt sein), daß

aber derjenige, der in ein Schlangen- oder Skorpionloch fiel, keine Überlebenschance habe, entkräftet Scheschet mit dem Hinweis, daß dieses Beispiel einen Sonderfall darstelle: Die Schlangen beißen hier deswegen, weil man auf sie fällt, was hingegen für den *Amida*-Beter nicht gelte. Ergo: Schlangen und Skorpione sind eben nicht gleichzusetzen, wobei R. Scheschet die Ansicht der Mischna-Lehrer stützt.
[II] beweist, daß der Talmud zwischen den Zeilen auch recht humorvoll sein kann und nicht zu den "witzlosen Perioden" in der jüdischen Geschichte gezählt werden darf.[14] Jetzt geht es um die in M ebenfalls nicht behandelte Frage, ob man das Gebet beim Herannahen von Ochsen unterbrechen darf. Die Debatte zeigt, daß die Rabbinen möglichst wenig weitere Ausnahmefälle zulassen möchten. Zunächst wird nach Rab Oschaja zwischen einem harmlosen (unschuldigen) und einem bezeugten (verwarnten) Ochsen unterschieden. Biblischer Haftpunkt hierfür ist 2. Mose 21,28-30.35f.; in rabbinischer Sicht ist unter einem zahmen Ochsen ein Tier zu verstehen, das erst ein- oder zweimal jemanden verletzt hat, während ein stößiger Ochse bezeugtermaßen dreimal hintereinander denselben Schadensfall verursacht hat, wofür nun sein Besitzer verwarnt und haftbar gemacht wird (b BK 23b-24b). Eine weitere Unterscheidung - gegen R. Me'ir, der bereits beim Anblick eines fressenden Ochsen zur Flucht und zum Gebetsabbruch rät - nimmt Schemu'el vor: Er empfiehlt dies nur bei schwarzen Ochsen im Frühlingsmonat, da diese Rasse in jenen Tagen sich besonders ausgelassen und schadensträchtig zeige. Zugegeben: Die Rabbinen theoretisieren hier stark, doch ihr Streben nach einer reibungslosen Durchführung des Gebetes läßt sich nicht in Abrede stellen. Mag ein derartiger Fall in der Praxis auch selten vorkommen - alle Eventualitäten dieser Erde müssen um der Ehrerbietung gegenüber dem Vater im Himmel willen bedacht werden. Sicher könnten wir selber weitere diskussionswürdige äußere Umstände aus unserer Zeit anführen, die andächtiges Beten erschweren. "Ochse" ist letztlich nur eine Chiffre für alles die *Kawwana* Bedrohende und Störende. Damit steht

14. Gegen Salcia Landmann: Der jüdische Witz. Olten und Freiburg i. Br., 1962, S. 54 ff.

die Relevanz der rabbinischen Einstellung für heute und mit ihr die bleibende Aktualität des Talmuds außer Frage.
[III] leitet zwar zum Stichwort "Schlange" zurück, doch der Gebetskasus scheint nicht gegeben. Vielmehr steht Chaninas Tat im Mittelpunkt des Interesses. Er tritt mit Absicht in eine Schlangengrube und wird folglich gebissen (siehe [I]). Warum aber stirbt die Schlange? Sein Ausspruch (Logion) zeugt von Vollmacht: Nur die Sünde gegen Gott, das gottfeindliche Wesen des Menschen, vermag wirklich zu töten, nicht aber ein menschenfeindliches Reptil. Die *Haggada* macht nunmehr die Tora-Anbindung der Mischna-Worte "Schlange" und "Ferse" evident: 1. Mose 3,15. Mit dem Sündenfall ist die Feindschaft zwischen Schlange und Mensch gesetzt. Für den aber, der sich der Sünde erwehrt, stellt die Schlange keine Bedrohung mehr dar. So ist Chaninas Handeln kein übernatürliches Wunder, sondern für ihn als *Chassid* etwas "Normales". Fast gewinnt man den Eindruck, als sei er sündlos. Die babylonische *Gemara* unseres Traktates betont immer wieder seine besondere Gottesbeziehung. So soll die göttliche Stimme jeden Tag neu vom Berg Horeb (Sinai) proklamieren: "Die ganze Welt wird nur wegen meines Sohnes Chanina ernährt" (b Ber 17b); auch die zukünftige Welt soll nur um des vollkommenen Gerechten Chanina ben Dosa willen geschaffen worden sein (b Ber 61b). Sein Gebet für Kranke erfährt sofort Erhörung. Nach der Heilung des Sohnes seines Lehrers Jochanan ben Zakkai bekennt der Vater über Chanina: "Er ist wie ein Diener vor dem König (d. h. Gott), ich aber bin wie ein Fürst vor dem König." Will sagen, ein Diener hat einen direkteren, persönlicheren Zugang zum König als ein Fürst, der sich ans diplomatische, höfische Protokoll halten muß (b Ber 34b). Jedenfalls begeht in unserer *Haggada* Chanina ebenfalls ein gutes Werk, da er die Ortsbewohner von jener lebensgefährlichen Bedrohung befreit, gegen die einzig er immun ist. Trotz aller Heiterkeit, die hernach sein Erscheinen im Lehrhaus und das über ihn geprägte volkstümliche Sprichwort am Schluß bei uns auslösen: Chanina handelt dabei völlig un- und antirabbinisch, weil er durch das Tragen dieses toten Reptils die Regeln ritueller Reinheit mißachtet und noch dazu diese Unreinheit auf das Lehrhaus überträgt (vgl. 3. Mose 11,29ff.; dazu unten Kap. 8). Der *Chassid,*

den die Mischna-Rabbinen als Leitbild für richtige Gebetszurüstung empfehlen, wird in der babylonischen *Gemara* ihnen gleichsam als unorthodoxer Mann der Tat konfrontiert.
Es lohnt sich, demgegenüber auch die Paralleldarstellung des palästinischen Talmuds zu betrachten und Unterschiede zu markieren:

p Ber V,1,9a: [I] Man erzählte über Rabbi Chanina ben Dosa, daß er einmal dastand und betete und daß eine Schlange kam und ihn biß. Aber er unterbrach sein Gebet nicht. Und man ging und fand jene Schlange tot vor ihrem Loch liegen. Da sprach man: "Wehe dem Menschen, den eine Schlange gebissen hat! Doch wehe der Schlange, die Rabbi Chanina ben Dosa gebissen hat!"
[II] Welche Bewandtnis hat es mit jener Schlange(nart) auf sich? Wenn sie einen Menschen gebissen hat - erreicht der Mensch als erster das Wasser, (dann) stirbt die Schlange. Erreicht hingegen die Schlange zuerst das Wasser, stirbt der Mensch.
[III] Seine Schüler fragten ihn: "Fühltest du denn gar nicht (den Schlangenbiß)?" Er antwortete ihnen: "Möge mir Übel widerfahren, wenn ich (ihn), als ich mein Herz im Gebet (auf Gott) ausrichtete, spürte!"
[IV] Es sprach R. Jizchak bar El'azar: "Der Heilige, gepriesen sei er, hat für ihn eine Quelle unter dem Polster seiner Füße (d. h. unter seinen Fußsohlen) geschaffen, um zu bestätigen, was geschrieben steht (Psalm 145,19): *Er* (Gott) *erfüllt das Verlangen derer, die ihn fürchten; er hört ihr Schreien und hilft ihnen."*

Wir registrieren den gegenüber bT stärker beibehaltenen Gebetszusammenhang. Die pT-*Haggada* endet auch nicht mit dem offenbar gängigen Sprichwort über Chanina, sondern plaziert es leicht variiert im Eingangsteil [I], führt in [II] eine weitere bekannte Sentenz über die Schlangenart ein, um nach einem Ausspruch Chaninas [III] pointiert in [IV] mit einem Schriftzitat zu schließen. Der unnachahmliche Chanina von bT wird damit in pT - konform zur Mischna - zum jedermann erreichbaren Vorbild wahren Betens "zurückgestuft". Die innerrabbinische Diskussion von [III] und [IV] läßt Chanina auch mehr im Gelehrtenkollegium als unter den vom Volk hochgeschätzten charismatischen Wundertätern beheimatet sein. Gerade das Psalmwort führt Chaninas Rettung auf Gott selber zurück. Er erschafft dem im Gebet zu ihm versunkenen Rabbi eine Wasserquelle, die jenem den wahrscheinlich aussichtslosen Wettlauf mit der Schlange zur nächsten Wasserstelle erspart. Alles Übernatürliche, Wunderhafte wird also bewußt reduziert. Intensives Beten, Glaubensgehorsam bannt jede Lebensgefahr. Keine Rede von Sündlosigkeit!

Welche der Versionen besitzt mehr Authentizität? Die palästinische *Gemara* muß nicht aufgrund ihres gegenüber der babylonischen etwa ein Jahrhundert früheren Abschlusses die historisch verbürgtere Fassung bieten. Da von Chanina ben Dosa eine stattliche Anzahl an Heilungs- und anderen Wunderberichten (z. B. Regen- und Brotvermehrungswunder) nach dem Muster eines Elia, jedoch keine *Halachot* überliefert sind, steht zu erwarten, daß pT aus bestimmten Gründen das Bild jenes rabbinisch nicht konformen, jedoch höchst populären "Heiligen" umzuprägen suchte. Eine seiner ethischen Maximen kritisiert zweifellos das schriftgelehrte Establishment seiner Zeit: "Wessen Werke seine Weisheit übertreffen, dessen Weisheit bleibt bestehen, aber wessen Weisheit seine Werke übertrifft, dessen Weisheit bleibt nicht bestehen." (M Ab III,9 [12]) Weil Chanina nur wenige Jahrzehnte nach Jesus wirkte und zudem aus dem Ort Arav bei Nazareth stammte, ist die These[15] nicht abwegig, daß der Talmud des Landes Israel bewußt die Assoziation an den von den Pharisäern kritisierten Wundertäter Jesus - aus Furcht, der Unterschied zwischen Juden und Judenchristen könne verwischt werden - unterdrücken wollte. Im fernen Babylonien stellte sich dagegen dieses Problem nicht, weshalb bT eher noch das Charisma und Selbstbewußtsein Chaninas verstärkte. Es wäre lohnend, der Frage nachzugehen, inwieweit sich die von den Kirchenvätern ab dem 2. Jhdt. n. Chr. vertretene messianische Auslegung von 1. Mose 3,15 - der "Weibessame" Christus zertritt den Samen der

15. Vertreten von Geza Vermes: Chanina ben Dosa. In: Post-Biblical Jewish Studies. SJLA. 8. Leiden, 1975, S. 212f.

Schlange/des Satans - mit der jüdisch-messianischen dieses Verses deckt.[16] Hat nicht auch Rabbi Chanina die Sünde besiegt? Fazit: Unser Ausgangspunkt war der Mischnasatz über die richtige Andacht beim Achtzehngebet. Den Zielpunkt der *Gemara* bildete dazu die Beispielerzählung von R. Chanina in bT und pT, die in beiden Versionen eine biblische Verankerung der Mischna vornimmt. Ihre unterschiedliche Darstellungsweise ließ historische Hintergründe vermuten und führte uns Christen frappante Parallelen zu Jesus vor Augen. Erst jetzt wären wir im unbeschriebenen Teil des Talmud-"Briefes" angelangt, in welchem die witzig, kurzweilig anmutende *Haggada* ihre eminent theologische Fracht preisgibt. *Teku* - zur Weiterdiskussion wird geradezu ermutigt; als Hilfestellung das Jesus-Wort (Lukas 10, 19): "Siehe, ich habe euch die Vollmacht gegeben, auf Schlangen und Skorpione zu treten und über alle Gewalt des Feindes, und nichts wird euch Schaden zufügen."

2.3 Aufgabe: Jesus und das *Schma'*-Mißverständnis

Mittels einer anderen *Haggada,* die die Gebetsthematik streift und in verschiedenen Versionen in pT/bT begegnet, sollen Sie eine talmudische Sichtweise der Person Jesu kennenlernen. Es steht kaum zu erwarten, objektive Nachrichten über den historischen Jesus zu erhalten; vielmehr ist die Geschichte spätere Widerspiegelung der polemischen Auseinandersetzung zwischen Juden und (Juden-)Christen. Sie spielt in beiden Fassungen im 1. Jhdt. v. Chr. Unter erwähntem König Alexander Jannai (103-76 v. Chr.) findet eine Verfolgung der Pharisäer statt, welche nach Syrien und Ägypten fliehen. Jehuda ben Tabai und Schim'on ben Schätach sind damals das maßgebliche Gelehrten-"Paar"; Jehoschua ben Perachja gehört zu dem ihm vorausgegangenen "Paar", soll demnach *Nasi* und Führer der pharisäischen Bewegung im ausgehenden 2. Jhdt. v. Chr. gewesen sein. Zunächst der Wortlaut beider Talmude:

16. Texte bei Hermann Strack und Paul Billerbeck: Das Evangelium nach Matthäus erläutert aus Talmud und Midrasch. München, 1978 [= Nachdruck von 1926] (Bill. 1), S. 958.

p Chag II,2,77d: [I] Jehuda ben Tabai wollten die Bewohner Jerusalems zum *Nasi* (Vorsitzenden des Gelehrtenkollegiums) in Jerusalem einsetzen. Er (aber) floh und ging nach Alexandria (in Ägypten).
[II] Und die Bewohner Jerusalems schrieben: "Von Jerusalem, der großen (Stadt), an Alexandria, die kleine: Bis wann wohnt mein Verlobter bei euch und ich (hier) als einsame (Witwe) seinetwegen?" Er schied (daraufhin von dort und) begab sich auf ein Schiff (zur Heimreise).
[III] Er sagte: "Debora, die Hausherrin, die uns aufgenommen hat - was war an ihr fehlerhaft?" Einer seiner Schüler antwortete ihm: "Ihr Auge war hell (gemeint ist: "blind", "ausdruckslos")." Er entgegnete ihm: "Zweierlei lastet auf dir: einmal, daß du mich verdächtigt hast (die Frau anzuschauen), andererseits, daß du sie angeschaut hast. Habe ich etwa gesagt, sie schaut schön aus? Ich sagte nur etwas über die Arbeit (d. h. die Gastfreundschaft)."
[IV] Und er wurde zornig über ihn, und er (der Schüler) ging (davon). -

b Sanh 107b: [I] R. Jehoschua ben Perachja - wie war das mit ihm? Als König Jannai die *Rabbanan* töten ließ, ging R. Jehoschua ben Perachja (einige Handschriften ergänzen: "und Jeschu [= Jesus]") nach Alexandria in Ägypten.
[II] Als (wieder) Friede war, sandte ihm Schim'on ben Schätach (einen Brief): "Von Jerusalem, der heiligen Stadt, an dich, Alexandria in Ägypten: Meine Schwester! Mein Mann weilt in deiner Mitte, und ich sitze verlassen da." Er stand auf und ging.
[III] Und er fand sich in einer Gaststätte ein, in der man ihm viel Ehre erwies. Er sprach: "Wie schön ist dieses Gasthaus (man kann auch übersetzen: "diese Gastwirtin")!" Er (Jeschu) antwortete ihm: "Ihre Augen sind schmal (oder: "triefend")." Er entgegnete ihm: "Frevler, mit derlei beschäftigst du dich (also)!"
[IV] Er ließ 400 Posaunenstöße erschallen und tat ihn in den Bann (d. h. exkommunizierte ihn). Er (Jeschu) kam häufig

(wieder) zu ihm (und) bat ihn: "Nimm mich (wieder) auf!" (Aber) er (Jehoschua) nahm keine Notiz von ihm.
[V] Eines Tages las er (Jehoschua) gerade das *Schma'*, als er (Jeschu) (abermals) zu ihm kam. Er dachte, ihn (diesmal doch wieder) aufzunehmen (und) gab ihm ein Zeichen mit seiner Hand. Er (Jeschu) (hingegen) dachte, er weise ihn gänzlich ab. Er ging, stellte einen Ziegelstein auf und warf sich vor ihn (in Anbetung) nieder.
[VI] Er (Jehoschua) sprach zu ihm: "Bereue!" Er (Jeschu) aber entgegnete ihm: "Es ist mir von dir (folgendes) überliefert worden: "Jedem, der sündigt oder andere zum Sündigen verleitet, gibt man keine Gelegenheit, Umkehr zu tun." Und ein Meister sagte (nämlich): "Jeschu zauberte und verleitete und verführte Israel."

a) Wo liegen die Akzente und Hauptunterschiede beider Fassungen?
b) Welcher Version räumen Sie Priorität ein?
c) Gibt es neutestamentliche Anhaltspunkte für diese Jesus-Darstellung?
d) Aus welchen Gründen wird laut bT Jesus zum Ketzer?
e) Deuten Sie die *Schma'*-Szene [V] mit Hilfe folgenden M-Ausschnittes (M Ber II,1): R. Jehuda sagt: "(Wenn man beim *Schma'*-Lesen) inmitten eines (seiner Abschnitte) steht, darf man aus Furcht (unterbrechen und) grüßen und (einen Gruß) erwidern aus Ehrerbietung. (Steht man) zwischen (zwei) Abschnitten, darf man (unterbrechen und) grüßen aus Ehrerbietung und den Gruß *(Schalom)* jedermann erwidern!"
f) Zeigt die *Haggada* gewisse Sympathie für Jesus?

Kapitel 3: Talmudordnung I - "Saaten"

3.1 Vorbemerkung: Rabbinisches Abgaben- und Bodenrecht im Land Israel

"*Schalom.* Folgende Früchte sind in (der Stadt) Bet Schean im Siebentjahr (d. h. Sabbatjahr) verboten und werden in den übrigen (Jahren des) Siebentjahrzyklus als *Demai* (Zweifelhaftes) verzehntet: Gurken, Melonen, Kürbisgurken, Möhren ..." So beginnt eine Inschrift von 29 Zeilen auf dem Mosaikfußboden einer Synagoge aus dem 4.-7. Jhdt. n. Chr., vor zwei Jahrzehnten in der Nähe von Bet-Schean im Jordantal freigelegt. Sie bietet die älteste, bislang bekannte Version eines Talmudtextes, nämlich die Paraphrase der *Gemara* p Dem II,1,22c/d und p Schebi VI,1,36b/c, und instruiert die Gottesdienstbesucher über landwirtschaftliche Vorschriften in Bet-Schean sowie in anderen Städten und Regionen des Landes Israel: Welche Produkte dürfen wo im Sabbatjahr nicht angebaut oder konsumiert werden? Von welchen Naturalien ist wo in den übrigen sechs Jahren extra ein zehnter Teil abzusondern? Dieses halachische Dokument beweist, daß man damals die uns in der Ordnung *Zera'im,* "Saaten", überlieferten, doch nur von pT kommentierten Mischnatraktate im Heiligen Land noch praktizierte.[17]

Jene - abgesehen von *Berachot* - zehn Traktate widmen sich einerseits der korrekten Erzeugung und Verwendung landwirtschaftlicher Produkte, etwa daß laut 3. Mosc 25 in jedem siebenten Jahr Anbau und Ernte für eigenen Bedarf generell verboten sind oder daß laut 3. Mose 19,23-25 Früchte neugepflanzter Obstbäume erst ab dem vierten Wachstumsjahr geerntet werden dürfen. Andererseits werden die vorgeschriebenen Abgaben von

17. Wortlaut und Erklärung der Inschrift von Rechob in: Frowald Hüttenmeister: Die jüdischen Synagogen, Lehrhäuser und Gerichtshöfe. BTAVO. B 12/1. Wiesbaden, 1977, S. 369 ff.

Bodenprodukten an Priester, Leviten und an die Armen aufgelistet: Ehe ein Erzeugnis des Israellandes verzehrt werden darf, ist abzuführen

- die "große Abgabe" ("Hebe") von zwei Prozent des Ertrages an die Priester,
- der "erste Zehnt", also zehn Prozent des Verbliebenen, an die Leviten, die davon
- die "kleine Abgabe", nämlich wieder ein Zehntel, an die Priester weiterleiten,
- der "zweite Zehnt", abermals zehn Prozent des Restes, der zwar dem Produzenten in vier Jahren des Siebentjahrzyklus gehört, doch zur Zeit des Tempels in Jerusalem verzehrt bzw. dort mit Geld ausgelöst werden mußte,
- der "Armenzehnt" (oft mißverständlich: "dritter Zehnt"), der anstelle des zweiten Zehnt in jedem dritten und sechsten Jahr jenes Sabbatjahrzyklus den Bedürftigen des Landes - also nicht den Bauern selbst - gehört, ferner:
- die Überführung der Erstlingsgarbe der jährlichen Gerstenernte sowie der Erstlingsfrüchte an den Jerusalemer Tempel und
- die Absonderung einer gewissen Menge von jedem Brot- und Gebäckteig.

Nur die Produkte, deren Abgaben - vor allen Dingen der heilige Priesteranteil - korrekt entrichtet wurden, sind für profanes Essen (*Chullin,* s.u. Kap. 7) erlaubt. Rabbinen drohen demjenigen die Todesstrafe an, der Unverzehntetes ißt oder der als Nicht-Priester Hebe verspeist (b Sanh 83a).
Diese Vorschriften gelten laut der Tora nur im Land Israel; immer wieder heißt es: "Wenn ihr (Israeliten) in das Land kommt, das ich euch geben werde, so sollt ihr ..." (3. Mose 23,10 u. ö.). Die Beziehung der Juden zu Israel schließt demnach neben der spirituellen Ausrichtung im Beten und Feiern ("Nächstes Jahr in Jerusalem") auch den materiell-bodenständigen Aspekt mit ein. Nur in *Erez Israel* lassen sich mehr *Mizwot* als anderswo erfüllen. Weil das Wohnen im Land gleichsam alle Gebote der Tora aufwiegt und selbst ein Kurzaufenthalt schon der zukünftigen Welt teilhaftig macht, raten die Weisen, daß man nur im äußersten Falle - z.B. bei einer Hungersnot - emigrieren soll. Es sei besser, in einer

mehrheitlich von Heiden bevölkerten Stadt in Israel als in einer jüdischen Siedlung in der Diaspora zu leben (b Ket 110b-112b). Der Grund dafür und für genannte Bestimmungen liegt in der Heiligkeit des Landes (M Kel I,6-9):
Es ist heilig nicht wegen seiner Bewohner, sondern weil Gott es geheiligt hat. Dieses Land ist darum mehr als nur Heimat; es gehört Gott, er hat es sich erwählt. Das Volk Israel bestellt und verwaltet das Land wie eine Leihgabe, wie ein Lehen Gottes, und darf keinen Besitzerstolz an den Tag legen: "Ihr seid Fremde und Beisassen bei mir." (3. Mose 25,23) Dies zeitigt rechtliche und soziale Konsequenzen: An Gott als Landesherrn wird ein Teil der Ernte dadurch abgeführt, daß man ihn Gottes "Bodenpersonal" am Tempel übergibt. Priester und Leviten sind, da sie kein Land zur Bewirtschaftung haben (5. Mose 10,8f.), von Unterstützung aller abhängig. Am schlagendsten demonstriert das Volk durch Beachtung des Sabbatjahres (*Schemitta,* "Verzicht", "Loslassen"), daß es keinen Besitzanspruch auf das Land hat. Wie am wöchentlichen Sabbat Mensch und Tier ruhen, so ruht das Land jedes siebente Jahr, was im übrigen der Vernutzung der Ressourcen vorbeugt. In dem Moment, wo Israel an dieser Aufgabe, das Land toragemäß zu gestalten, scheitert, entweiht es dieses und geht seines Grund und Bodens verlustig. Als Ursache von Exilierung gilt daher auch die Nichteinhaltung des Sabbatjahres (3. Mose 26,34f.; b Schab 33a). Ebenso ist das Bleiben im Lande an das Teilhaben-Lassen der Bedürftigen an den Produkten des Landes gebunden: daher die Einforderung des Armen-Zehnt, die Überstellung der Erträge des Brachjahres an die Armen (2. Mose 23,11), der generelle Schuldenerlaß in jenem Jahr, der einen Neuanfang ermöglicht (5. Mose 15,1ff.), oder die den Armen eingeräumte Möglichkeit, sich während und nach der Ernte auf den Feldern zu versorgen (s. 3.2). Hinter jenen Forderungen steht der Kampf für soziale Gerechtigkeit, eine gerechte Verteilung der Güter und überhaupt für mehr Mitmenschlichkeit, wie ihn bereits Propheten wie Amos (2,6f.; 4,1f.; 5,11f.) führten.
Noch einmal: Die Landgabe ist an das Halten der Tora-Gebote geknüpft (5. Mose 4,25f.). Ob man Gott und den geringsten seiner Schwestern und Brüder liebt, manifestiert sich gerade im Umgang mit dem Boden und seinen Produkten. Jene *Mizwot,* "die

ausschließlich im Land Israel erfüllt werden können" (b Sot 14a), unterstreichen seine Heiligkeit und dienen als Impetus zur Rückkehr aus der Diaspora. Denn außerhalb Israels liegt unreines, unheiliges Land. Bei der Heimkehr muß man den sprichwörtlichen "Staub von den Füßen schütteln" (Matthäus 10,5.14; b Git 8a). Gerade gläubige Juden haben gleichsam einen sakramentalen Bezug zum Heiligen Land, eben weil es die Voraussetzung für vollkommene Gebotsbefolgung und Erfüllung mit der *Schechina* (Gottesgegenwart; b MK 25a) bietet. Christen nennen und orientieren sich nach Christus, Juden nach dem Gottesland Juda bzw. Judäa![18]

Praktisch alle Vorschriften des II. *Seder* fußen - wie dies bei keiner anderen Talmudordnung der Fall ist - direkt auf der Tora. Nur haben die Rabbinen sie in mancherlei Hinsicht erweitert und präzisiert:

a) Zum einen fixieren sie zwar genau die Grenzen des Israellandes, um etwa den Geltungsbereich des Brachjahres, wie in jener Synagogeninschrift geschehen, abzustecken (M Schebi VI,1; M Git I,2; b Git 8a/b). Doch zum anderen versuchen sie, die Gültigkeit der eindeutig auf Israel beschränkten Toraanweisungen ("dein Land"; 3. Mose 19,9) universal durchzusetzen (b Chul 137b). So wird der Abgabenbrauch auch in der jüdischen Diaspora von Ägypten oder Babylonien gepflegt (M Jad IV,3).

b) Sie fassen den Begriff "Ernte" recht weit, indem sie die Abgabepflicht über die von der Tora berücksichtigten fünf Getreidearten, Wein, Trauben, Öl und Oliven hinaus auf Gartenprodukte (Matthäus 23,23), Hülsenfrüchte oder Obstbäume erweitern.

c) Sie detaillieren die in der Tora meist unberücksichtigt gebliebene Abgabenmenge sowie den Ernte-, Verteil- und Transportmodus.

d) Sie passen die Tora-Gebote an die veränderten wirtschaftlichen Verhältnisse, an die Zahl der Armen, die Größe des Besitzes oder des Ernteertrages an. Sie tragen dem niedrigen Lebensstandard der meisten Kleinbauern oder den durch Kriege und Aufstän-

18. Weiteres bei Walter Kick: Das Gelobte Land. Die religiöse Bedeutung des Staates Israel in jüdischer und christlicher Sicht. München, 1984.

de bedingten Notzeiten Rechnung. Auch sind die Besteuerung des Landes durch die Römer, die Tatsache, daß das Abgabenwesen nach Zerstörung des Tempels an Bedeutung verliert und die Produkte nicht mehr nach Jerusalem überführt werden können, sowie die zunehmende Urbanisierung - Stadtbewohner brauchen keine Abgaben zu entrichten! - zu berücksichtigen. Obgleich Hebe und Zehnt-Ablieferung als eine Art Opferersatz gelten, spielen sie keine große Rolle mehr. Sie werden an nun als Gelehrte fungierende Priester und Leviten, später an die rabbinischen Führer jüdischer Gemeinden entrichtet.[19]
Wie wird damit heute im Staat Israel verfahren? Im Blick auf das Sabbatjahr sind noch gewisse reduzierte rabbinische Vorschriften "zwecks Erinnerung an das siebente Jahr" gültig. So steigt man auf andere Produktionszweige um oder verkauft den Boden für jenes Jahr an Nichtjuden. Erstlingsfrüchte werden in prächtigen Umzügen durch die Straßen gefahren und dann dem jüdischen Nationalfonds übergeben. Die "heilige" Hebe beträgt nicht mehr zehn, sondern nur ein Prozent und muß von Ladenketten, die ihr Obst und Gemüse als "koscher" anpreisen möchten, entfernt werden. Man kann auch Früchte "mit kleiner Münze" auslösen, an Kranke verteilen oder an Tiere verfüttern. Die Hausfrau verbrennt beim Backen Teig im Umfang einer Olive. Die Armen-Vorschriften sind angesichts der sozialen Absicherungen von seiten des Staates hinfällig geworden.[20]

3.2 Übungsbeispiel: Die Armen im Weinberg

Wir wenden uns konkret dem Armenrecht zu, das Thema des Traktates *Pea,* "(Acker-)Ecke", ist. In biblisch-rabbinischen Tagen wird die Fürsorge für Besitzlose und untere Gesellschaftsschichten unter religiösem Aspekt gesehen. Betteln müssen bedeutet eine göttliche Strafe (Psalm 109,10). Umgekehrt: Gott selber schützt die Armen (Psalm 9,10; 132,15). Wer sie bedrückt,

19. Dazu Arye Ben-David: Talmudische Ökonomie. Die Wirtschaft des jüdischen Palästina zur Zeit der Mischna und des Talmud. Bd. 1. Hildesheim, 1974, S. 326 ff.
20. Einzelheiten bei Israel Meir Lau: Wie Juden leben. Glaube - Alltag - Feste. Gütersloh, ^{2}1990, S. 90 ff.

lästert den Schöpfer (Sprüche 14,31); wer ihr Recht beugt, wird verflucht (5. Mose 27,19). Verweigerung von Almosen und Wohltätigkeit ist gleichzusetzen mit Götzendienst, der Abwendung von Gott (b Ket 68a). Schriftliche wie mündliche Tora müssen mit dem Faktum, daß es immer Arme im Lande geben wird (5. Mose 15,11; vgl. Matthäus 26,11), zurechtkommen. Gegenüber dem Ideal für messianische Tage, wo Armut verschwunden sein soll (5. Mose 15,4; Jesaja 11,4), bleiben sie der Realität verhaftet und sind um die Aufrechterhaltung eines für alle lebenswerten Status quo bemüht. Im "Bauernstaat" soll auch Besitzlosen eine Existenzgrundlage geboten werden. Offenbar gelingt dies in Palästina besser als im babylonischen Raum, da angeblich von zehn Einheiten Armut, die in die Welt kamen, neun auf Babel entfielen (b Kid 49b), obwohl auch der palästinische Gelehrte Pinchas b. Chama im 4. Jhdt. statuiert: "Armut im Hause eines Menschen ist schlimmer als fünfzig Plagen." (b BB 116a) Zumindest aber kann Armut eine Tugend sein und erzieherischen Effekt besitzen: Sie lehrt Gottesfurcht (Not lehrt beten!) und führt zum Torastudium (b Ned 81a). Die Wohlhabenden werden ihrerseits zu Großzügigkeit und tätiger Nächstenliebe erzogen (b BB 9b/10a).

Pea stellt hierfür die Rechtsgrundlage auf. Minderbemittelte dürfen nicht einfach ab und an mit Almosen oder an Feiertagen mit Zuwendungen bedacht werden (Nehemia 8,10), sondern Grundbesitzer werden dadurch in die Pflicht genommen, daß die Sozialfürsorge an das Bodenrecht gebunden ist. Nächstenliebe unterliegt der Rechtspflicht! Zum anderen wird damit dem Armen eine Hilfe zur Selbsthilfe geboten, indem er nicht bloß passiv empfangend bleibt, sondern selber die Initiative ergreifen und Erntearbeiten verrichten muß. Dies hebt sein Selbstwertgefühl. Deshalb streift *Pea* nur knapp die Versorgungspflicht mittels des alle drei Jahre fälligen Armenzehnt (VIII,5f.), einer "Art Zwangsversicherung der Grundbesitzer für den Fall der eigenen Verarmung".[21] Der Traktat widmet sich vielmehr zunächst den Bestimmungen über die "Ackerecke", jenes Feldstück, das laut 3. Mose 19,9; 23,22 den sozial Schwachen zum Abernten über-

21. Norbert Peters: Die soziale Fürsorge im Alten Testament. Paderborn, 1936, S. 68.

lassen werden muß (Kap. I-IV), was aber die Rabbinen ebenfalls auf den "Rand der Weinstöcke", des Ölbaumhains oder der Obstplantage beziehen. Da die Tora keine Größenangaben macht, empfehlen die Weisen ein Sechzigstel des Feldes, doch nach oben hin sind der Freigebigkeit keine Grenzen gesetzt. "Folgende Dinge haben kein (von der Tora festgelegtes) Maß: die *Pea,* die Erstlinge (der für den Tempel bestimmten Früchte), das Erscheinen (im Tempelvorhof anläßlich der Wallfahrtsfeste), die Wohltätigkeit und *Talmud Tora* (Torastudium)" (M Pea I,1). Auch legen die Rabbinen die Art und Weise sowie die Zeit der *Pea*-Vergabe fest: So dürfen die Armen nur mit der Hand, nicht mit Sicheln oder Hacken ernten, um sich in der Eile des Raffens nicht gegenseitig zu verletzen; morgens werden die Frauen, mittags die Kinder, nachmittags die Alten aufs Feld gelassen, wobei zumindest auf gleichmäßige Verteilung geachtet wird. Ferner geht es unserem Traktat um die den Armen gestattete Nachlese auf dem durch den Besitzer abgeernteten Feld (Kap. IV,10 - V,6; vgl. 3. Mose 19,9). Eine gewisse Zahl Halme, die dem Schnitter aus der Hand gleiten und zur Erde fallen, sind den Bedürftigen zu überlassen, wie schon das Buch Ruth illustriert (2,3.7). Entsprechend ist dem Besitzer wiederholtes Abklopfen von Olivenbäumen untersagt (5. Mose 24,20). Ferner fragt *Pea* nach versehentlich auf dem Feld vergessenen Garben (5. Mose 24,19), die ebenso wie vergessenes, noch stehendes Getreide oder übersehenes Obst rabbinisch den Armen zufallen, wobei natürlich absichtlich Zurückgelassenes nicht unter die Rubrik "Vergessenes" fällt (Kap. V,7 - VII,2).

Wir wollen - abgesehen von *Pea,* Feld-Nachlese und Vergessenem - zwei weitere Armenbestimmungen ausführlicher samt palästinischer *Gemara* (pT) kennenlernen:

M Pea VII,3: [I] Was ist *Pärät?* - Das, was während der Traubenlese herunterfällt.
[II] Wenn jemand beim Traubenlesen eine Traube abschneidet, die (weil sie) sich in die Blätter verwickelt hat, (von seiner Hand) auf die Erde fällt und sich (in einzelne Beeren) zerstreut - siehe, sie gehört dem Besitzer.

[III] Wer einen Korb unter den Weinstock stellt, während er Trauben liest - siehe der beraubt die Armen. Über ihn wird gesagt (Sprüche 22,28): *Verrücke nicht die Grenzen der Heraufgekommenen!*

p Pea VII,3,20a: [I] Diese (Mischna) (be)sagt: *Pärät* ist (bereits) bei ihrem Herunterfallen heilig.

[II] Entspricht dies nicht dem Sinn der Frage Chilfais? Er fragte (doch): "Kann denn Getreide-Nachlese (schon) bei ihrem Herunterfallen geheiligt werden?"

[III] R. Schemu'el bar Abudoma entgegnete: "Das ist etwas anderes, denn er bewirkt (doch durch Unterstellen des Korbes), daß sie (d.h. die Traube) gar nicht auf die Erde herabfallen kann!"

M Pea VII,4: [I] Was ist *Olälät?* - Jede (Traube), die weder Abzweigung (wörtlich: "Schulter") noch (herabhängende) Spitze hat.

[II] Hat sie eine Abzweigung oder eine Spitze, gehört sie dem Besitzer. Im Zweifelsfall (gehört sie aber) den Armen.

[III] *Olälät* im Zweigwinkel, wenn sie zusammen mit der (übrigen) Traube weggeschnitten werden kann, gehört dem Besitzer, aber wenn nicht, den Armen.

[IV] Eine einzelne Beere (an einer Traube): Rabbi Jehuda sagt: "(Dies ist) eine Traube!" Aber die Weisen sagen: "(Dies ist) *Olälät*!"

p Pea VII,4,20a: [I] Was ist eine Abzweigung? - Übereinanderliegende Zweige. Was ist eine Spitze? - Die am Mittelstiel hängenden und sich hinabbiegenden (Beeren).

[II] Rabbi Ba im Namen von Rab Jehuda (sagte): "Aber sie (d.h. die Beeren) müssen so (klein) sein, daß sie allesamt sei-ne (des Armen) Handfläche berühren." Dem widersprach R. Chija: "Es geschah einmal in Sepphoris, daß die *Olälät* sieben *Litra* (Pfund) wog." ...

[III] Eine (andere) Begebenheit: R. Abahu und Rabbi Jose ben Chanina und R. Schim'on ben Lakisch gingen durch den Weinberg Doron (oder: Waron). Es brachte ihnen der Pächter einen Pfirsich. Sie aßen samt ihren Eseltreibern (davon) und ließen (sogar noch etwas) übrig. Und sie schätzten (daß er so

groß war) wie eine Pfanne vom Dorf Chananja, die eine *Sea* (7,7 kg) Linsen fassen kann.
Nach (einigen) Tagen kamen sie dort (wieder) durch. Er (der Pächter) brachte ihnen zwei (oder) drei (Pfirsiche) in seiner Hand. Sie sprachen zu ihm: "Von jenem (vorherigen) Baum wollen wir (aber essen)!" Er entgegnete ihnen: "Von dem sind diese (Pfirsiche doch)." Da lasen sie über ihn (Psalm 107,34): *Ein Land von Früchten wurde zur Salzwüste aufgrund der Bosheit seiner Bewohner. ...*
[IV] R. (Jehuda) sprach zu Rabbi Perori: "Kannst du mir nicht jenes (berühmte) Traubenbündel in deinem Weinberg zeigen?" Er sagte zu ihm: "Ja." Er ging hinaus, um es ihm zu zeigen. Als er (R. Jehuda noch leicht) entfernt stand, erblickte er etwas wie einen Ochsen. Er sagte zu ihm (zu R. Perori): "Verwüstet (denn) der Ochse nicht den Weinberg?" Er antwortete ihm: "Jener Ochse, den du (zu erblicken) glaubst, ist (doch) das Traubenbündel!" Da las er (R. Jehuda) über ihn (Hoheslied 1,12): *Solange der König bei seinem festlichen Kreis war, gab mein Nardenöl seinen Duft.* "(Will sagen:) Das Heiligtum ist zerstört, aber du stehst (immer noch da) in deiner Kraft (oder: Halsstarrigkeit)?" Sofort suchten sie (das Traubenbündel), aber fanden (es) nicht (mehr).

Wir haben zwei Mischna-Sätze und daran anschließend - nach dem ersten - die vollständige bzw. - nach dem zweiten - einen Ausschnitt aus der umfangreichen *Gemara* dazu vorliegen. Daß es keine Weiterkommentierung in bT gibt, verwundert angesichts der Konzentration auf das Land und die Bodenprodukte Israels nicht. Definieren wir zunächst die beiden unübersetzt gelassenen hebräischen Begriffe: *Pärät* [M3 I] meint einzelne, von der Traube gelöste und beim Ernten auf die Erde gefallene Beeren, kurz: Abgefallenes. *Olälät* [M4 I] bezeichnet eine kleine, noch nicht zu ihrer Vollform ausgereifte oder verkümmerte Traube mit wenig Beeren. Es geht demnach beidemal um nur im Blick auf einen Weinberg gültige Bestimmungen, abgeleitet aus 3. Mose 19,10, die Nachlese für Arme betreffend. Während *Pärät* bei der Ernte abfällt, bleibt *Olälät* ungeerntet und für die Mittellosen reserviert. Ersteres ist somit den Ähren, die während der Getreideernte zu Boden fallen, vergleichbar, letzteres den nicht völlig abgeleerten Oliven bei Ölbäumen. Entsprechend sind die Einschränkungen der Vorschriften zugunsten des Eigentümers bzw. der Armen zu vergleichen: Nur die Beeren, die unmittelbar infolge des Erntevorganges der Lese herunterfallen, sind Armennachlese. Bleiben sie - siehe [M3 II] - noch kurz zufällig im Rankenwerk hängen und fallen dann erst auf die Erde, darf der Eigentümer Nachlese halten, d h. sie aufsammeln. Wenn auf dem Feld einem Schnitter Ähren deshalb aus der Hand gleiten, weil er von einem Dorn gestochen wurde, gehören sie logischerweise nicht den Armen, weil ihr Herabfallen nichts direkt mit dem Schneiden zu tun hat (M Pea IV, 10). Auch das Verbot, einen Korb unter dem Weinstock zu plazieren [M3 III], gilt für die Verwendung ähnlicher Behältnisse bei der Getreideernte (Tos Pea II,3, 19). Einzelbeeren wie -ähren müssen auf den Boden fallen können - im Interesse der Armen!

Die erste *Gemara* [G I-III] kommentiert nur diesen letzten Satz von M: Weil die Mischna das Unterstellen von Körben verbietet, muß schon die herabfallende Beere "heilig" sein und nicht erst dann, wenn sie auf der Erde liegt. Hier stoßen wir auf die Tiefendimension jener Anweisungen: Die Armennachlese ist eine genauso heilige Speise wie etwa die "große Abgabe" für die Priester. Ihre Heiligung erfolgt "durch den Himmel" (b Tem 25a), d.h. durch Gott. Sie ist darum für den Eigentümer verboten; er muß sie - durch Fallen- oder Hängenlassen - absondern, ehe er das Seinige verwendet. Chilfai, der offenbar skeptisch fragt, ob nicht erst die auf der Erde liegende Beere als heilig, dem profanen Gebrauch durch den Eigentümer entzogen gilt, wird durch R. Schemu'el zurückgewiesen: Letztlich bestimmt Gott, welche Halme oder Beeren der Hand der Erntearbeiter entgleiten. Seine Festlegung hat von vornherein Vorrang vor der durch den Besitzer.

Nun verstehen wir auch das Bibelzitat in [M3 III], frei wiedergegeben: "Taste nicht die von Gott sanktionierten Rechte der Armen an!" "Heraufgekommene" ist ein Euphemismus (beschönigende Umschreibung) für das Gegenteil: "Heruntergekommene", "Verarmte". Näher dem biblischen Originaltext ("die uralten Grenzen") steht eine andere rabbinische Deutung, die unter den

(nach Israel) Heraufgekommenen die Vorvätergeneration aus Ägypten zu entdecken glaubt (p Pea V,5 [6],19a): "Taste nicht die von den Vätern überlieferten Rechte/Bestimmungen an!"
[M4 I] und dazu die folgende *Gemara* [I] beschreiben *Olälät* näher: Eine voll entwickelte Weintraube erkennt man an ihren oben schulterartig auseinanderstrebenden Stielen, an denen die Beeren förmlich aufeinander liegen, und an der nach unten gerichteten, mit Beeren behangenen Spitze. *Olälät* ist das Gegenteil dessen (s. o.). Ist auch nur eines jener beiden Kennzeichen für eine reife Traube vorhanden, darf der Eigentümer sie für sich ernten [M4 II]. Dies gilt selbst für eine *Olälät,* die mit einer ordentlichen Taube verwachsen ist und zusammen mit ihr abgeschnitten werden kann [M4 III]. Schließlich schildert [M4 IV] eine Kontroverse zwischen R. Jehuda, der eine einzige (am Mittelstiel hängende) Beere als dem Besitzer gehörende Traube definiert, und den Weisen, die aufgrund des Fehlens von "Schulter" und Spitze hier eine den Armen zustehende *Olälät* sehen und damit den Obersatz [M4 I] stützen. Die Entscheidung folgt dieser Rabbinenmehrheit. Jene botanische Debatte verdeutlicht jedenfalls das Anliegen der Rabbinen, einen Ausgleich zwischen den Ansprüchen der Besitzenden und Nichtbesitzenden zu finden.
[G II] verläßt die halachisch-trockene Auseinandersetzung und widmet sich wie das folgende haggadischen Fragestellungen. Auslöser hierfür ist R. Chijas geschilderter Präzedenzfall, daß einmal die *Olälät* in der damaligen Gelehrtenhochburg Sepphoris in Galiläa alles andere als kärglich ausgefallen sei. Nun fügen die Rabbinen exkursartig eine bunte Palette weiterer Begebenheiten, die dem Ruhm der Fruchtbarkeit Israels dienen, an nach dem Motto: Wenn schon die *Olälät* so viel beträgt - wie voluminös müssen dann erst die gewöhnlichen Landesfrüchte sein! Die zwei ausgewählten Beispiele [G III] und [G IV] stimmen darin überein, daß sie zunächst von überdimensional großem Obst (Pfirsich/Traubenbündel) zu erzählen wissen, aber dann kontrastartig - jeweils durch einen Bibelvers unterstrichen - den Verlust jener Riesenfrucht schildern. Im ersten Fall [G III] vermag der Pächter die abermals vorbeikommenden Rabbinen nicht mehr im selben Maße wie vorher zu verköstigen. Die Realität hat das paradiesische Ideal verdrängt. Warum? Das Land (bzw. Gott selbst) hält

wegen der Bosheit, des torawidrigen Handelns der Bewohner, seine üppige Fruchtbarkeit zurück. An anderer Stelle heißt es: Das Heute entspricht nicht mehr dem Gestern, weil "sich die Welt verändert hat" (p Pea VII,4,20a) oder weil "diese Nichtjuden (Römer) wegen unserer Sünden über uns herfielen" (b Ket 112a). Im zweiten Fall [G IV] fungiert das Schriftzitat nicht als Begründung des jetzigen Zustandes, sondern führt ihn gleichsam herbei. Das Traubenbündel in der Dimension eines Ochsen verschwindet deswegen wie eine Fata Morgana, weil R. Jehuda das zugleich von ihm gedeutete Bibelwort als Fluchwort verwendet: Solange der Tempel bestand, weilte Gott (der König) inmitten seines Volkes; damals entströmte dem Land Fruchtbarkeit wie der Duft der Narde (vgl. Johannes 12,3). Doch darf sich seit der Zerstörung des Tempels kein Landstrich und auch kein Weinberg mehr dieser strotzenden Kraft von einst rühmen. Trauer, nicht Festfreude, für die die Weintraube das Symbol darstellt, ist jetzt Gebot der Stunde, eben weil das Zentralheiligtum nicht mehr existiert. Wir sehen: Beide *Haggadot* schwelgen keineswegs in orientalischer Phantasie und Übertreibung, sondern sind wehmütige Reminiszenz an frühere Tage: "Resch Lakisch erzählte: 'Ich *sah* (noch) das Fließen von Milch und Honig in Sepphoris.'" (b Ket 111b) Im Hintergrund spiegeln sich die trostlosen Verhältnisse der Gegenwart wider, die z.B. auch der Traktat *Pea* vor Augen hat, wenn er über die Besitzverhältnisse von Getreide in Ameisenlöchern nachdenkt (IV,11). Zu trösten vermag allein die sorgfältige Befolgung der Tora-*Mizwot* und die messianische Hoffnung, daß "in dem Zeitalter, in welchem der Sohn Davids kommen wird, ... selbst Bäume, die keine Früchte tragen, welche haben werden" (b Ket 112b).

Fazit: Das rabbinische Armenrecht zielt auf den Abbau sozialer Gegensätze und wendet sich gegen Raffsucht und Ausbeutung der Natur. Es achtet ferner auf eine möglichst gleiche Behandlung aller Bedürftigen - gegen die Privilegierung einiger weniger (M Pea VIII,5f.) - und sichert ihnen damit für jeweils ein Jahr den Lebensunterhalt. Übrigens genießt auch der nichtjüdische Arme "um des (lieben) Friedens willen" (M Git V,8) denselben Rechtsschutz. Welch eine revolutionäre Neuerung dieses biblisch-jüdische Bodenrecht darstellt, ermißt man erst, wenn man weiß, daß in anderen Religionen der Brauch des nicht restlosen Aberntens aus Furcht vor den Vegetationsgottheiten praktiziert wurde. Israel hat ihn ins Humanitäre umgeprägt und hinsichtlich der Abgaben den Armen sogar einem Priester gleichgestellt. Gleich zehn der 26 seit Neugründung des Staates Israel wieder im Land selbst befolgbaren *Mizwot*[22] befassen sich mit dem Armenrecht unseres Traktates.

3.3 Aufgabe: Armenrechtsmißbrauch und die Folgen

Aus eigener Erfahrung wissen wir, daß Wohltätigkeit leicht ausgenutzt, ja mißbraucht werden kann. Mit diesem Problem waren bereits die Gelehrten des Talmuds konfrontiert. Wenn sie beispielsweise die Tora-Formulierung "(du sollst ihm leihen) ausreichend für seinen Mangel, was ihm (dem Armen) fehlt" (5. Mose 15,8), dahingehend verstanden, daß die Unterstützung standesgemäß zu sein, also ein verarmter Reicher etwa Anspruch auf Pferd, Diener oder auf ein Pfund Fleisch täglich habe (b Ket 67b), mußten sie sich auch vor Mißbrauch jener weitherzigen Statuten schützen. Wer ist überhaupt ein Armer? Wie verfährt man mit Armut vortäuschenden Leuten? Die letzten beiden Mischna-Abschnitte unseres Traktates geben darüber Auskunft:

M Pea VIII,8: [I] Wer 200 *Zuz* (römische Silberdenare) besitzt, darf nicht Getreide-Nachlese, (bei der Ernte) Vergessenes, die Acker-Ecke (zum Abernten) oder den Armen-Zehnt nehmen.
[II] Besitzt er aber 200 weniger einen Denar, so darf dieser (es) - selbst wenn (es) ihm tausend (Besitzer) zugleich geben - nehmen.
[III] Sind sie (d. h. die 200 *Zuz*) seinem Gläubiger oder der *Ketubba* ("Hochzeitsverschreibung") seiner Frau verpfändet, so darf dieser (es) nehmen.
[IV] Man darf ihn (aber) nicht nötigen, sein Haus oder seine Gebrauchsgegenstände zu verkaufen.

22. The Chafetz Chayim (Rabbi Yisrael Mair haKohen): The Concise Book of Mitzvoth. The Commandments Which Can be Observed Today. Jerusalem/New York, 1990, S. 276 ff.

p Pea VIII,8,21a/b: [I] Ein Schüler von Rabbi (Jehuda) besaß 200 weniger einen Denar. Und Rabbi pflegte ihm als Einkommen (immer) im dritten Jahr den Armen-Zehnt zu geben. Seine (anderen) Schüler sahen ihn (diesen einen Schüler) (deswegen) scheel an und füllten ihm (seinen Besitz auf 200 *Zuz*) auf. Als er (R. Jehuda) kam und ihm (wieder den Armenzehnt) als Einkommen (geben) wollte, sagte er zu ihm: "Ich besitze (jetzt) das (gesetzliche) Mindestmaß". Er (R. Jehuda) entgegnete: "Die Schläge (Prügel) der Pharisäer haben ihn getroffen." Er winkte seine Schüler, damit sie ihn (jenen Schüler) in einen Bäckerladen führten und ihm (dort) um ein Viertelstück (d. h. um einen Denar) (sein Vermögen durch Einkauf) verminderten. Und er (R. Jehuda) (gab fortan wieder den Armen-Zehnt) ihm als Einkommen, wie er es (zuvor) getan hatte. ...

[II] R. Chanina sagte: "Man nötigt ihn nicht, übliche Geräte und Sabbat-Gerätschaften zu verkaufen." Und R. Chanina sagte (ferner): "Ein Mensch braucht zwei Gewänder: eines für die Wochentage und eines für den Sabbat." - Was ist der Grund dafür? - "(Es heißt in Ruth 3,3) *und du (Ruth) bade und salbe dich und ziehe deine Kleider an!* War sie etwa (vorher) nackt gewesen? Vielmehr waren jene ihre Sabbatgewänder."

M Pea VIII,9: [I] Wer 50 *Zuz* besitzt und damit Handel treibt - siehe, dieser darf (es, d. h. das in [M8 I] Aufgezählte) nicht nehmen.

[II] Und jeder, der (dieses) nicht zu nehmen braucht, aber (trotzdem) nimmt, der stirbt nicht vor dem Greisenalter, ehe er nicht (doch selber die Hilfe) der Menschen gebraucht hat.

[III] Hingegen jeder, der (dieses) zu nehmen nötig hat, aber (trotzdem) nicht nimmt, der stirbt nicht vor dem Greisenalter, ehe er nicht andere von seinem Vermögen unterstützt hat. Über ihn wird gesagt (Jeremia 17,7): *Gesegnet ist der Mann, der auf den Herrn vertraut und dessen Zuversicht der Herr ist. ...*

p Pea VIII,9,21b: ... Eine Begebenheit: Rabbi Jochanan und Rabbi Schim'on ben Lakisch gingen hinauf, um in den Warmbädern von Tiberias (am See Genezareth) zu baden. Es begegnete ihnen ein Armer, der zu ihnen sprach: "Erweist mir etwas Verdienstliches!" Sie antworteten (daß sie es tun würden), wenn sie zurückkehrten. Als sie zurückkehrten, fanden sie ihn tot auf. Sie sagten: "Weil wir ihm nichts Verdienstliches zu Lebzeiten erwiesen, wollen wir uns seiner in seinem Tod annehmen." Als sie sich seiner annahmen (um ihn zu begraben), fanden sie an ihm einen Beutel (voll) von Denaren hängen. Sie sagten: "Das (also) ist es, was R. Abahu sagte, daß es R. Le'azar gesagt habe: Wir müssen festhalten am Guten (selbst) bei den Schwindlern unter ihnen (den Armen). Denn gäbe es keine Schwindler unter ihnen (und) einer von ihnen würde von einem Menschen ein Almosen begehren und der würde ihm nichts geben, so würde er (d.h. jener Mensch) sofort bestraft werden."

a) Nennen Sie Kriterien, wann jemand als arm anzusehen ist!
b) Hat auch ein Armer Anspruch auf zwei Kleider?
c) In der bei einer Eheschließung angefertigten *Ketubba*-Urkunde ist festgelegt, welche Geldsumme die Frau im Falle einer Scheidung oder des Todes ihres Mannes zwecks sozialer Absicherung erhalten muß. Als Minimum für eine zu ehelichende Jungfrau gelten 200 *Zuz*. - Wie würden Sie folgende Frage einer anderen *Gemara*-Passage beantworten: "Handelt die Mischna auch über einen Gläubiger, der nicht auf sofortige Bezahlung der Schuld dringt?"
d) Was könnte R. Jehuda mit den "Schlägen der Pharisäer" [G I] meinen?
e) Warum muß es sogar sich als arm ausgebende Betrüger geben?
f) Welche Strafe erwartet solche Schwindler?

Kapitel 4: Talmudordnung II - "Festzeit"

4.1 Vorbemerkung: Rabbinische Festtheologie - Vom Wesen des Passa

Während sich die erste Talmud-Ordnung auf die Heiligkeit des Landes konzentriert, ist der zweite *Seder - Mo'ed,* "Festzeit" - an der Heiligkeit der Zeit interessiert. Im Wochen- und Jahreszyklus werden vom Alltag für Gott bestimmte Tage ausgegrenzt, an denen Israel bekennt: "Dies ist mein Gott, und ich will ihn verherrlichen." (2. Mose 15,2) Jeder von uns weiß, wie schwer es fällt, sich vom alltäglichen Rhythmus, von liebgewordener Routine, zu lösen. Noch schwerer ist es, Feiertage sinnvoll zu gestalten und an ihnen auch wirklich geistliche Dinge ins Zentrum zu rücken. Die zwölf Traktate von *Mo'ed,* beginnend mit dem größten jüdischen Feiertag - dem einzigen, der in den Zehn Geboten verankert und zugleich das umfangreichste der zehn ist (2. Mose 20,8-11) -, dem wöchentlichen Sabbat, wollen hierfür konkrete Hilfe bieten. Die vielen uns begegnenden minutiösen Regeln und Verbote dürfen nicht darüber hinwegtäuschen, daß - von den nationalen Buß- und Trauertagen abgesehen - Sabbat und übrige Festanlässe Zeiten der "Lust" (Jesaja 58,13) und "großer Freude" (2. Chronik 30,21), d.h. alles andere als Beschneidung menschlicher Entfaltungsmöglichkeiten, sind. Damit sie auch wirklich diesen Freudencharakter erhalten, muß eben alles Werktägliche aus Gedanken, Worten und Werken ausgeschieden werden. Zwecks Verhinderung ihrer Profanisierung sind darum etwa Arbeit, Handel oder Transport von Dingen verboten. Diese Festfreude muß also förmlich organisiert und in richtige Bahnen gelenkt werden, weshalb den Traktaten die Vorbereitung jener Feiertage, z.B. der Bau einer Laubhütte, genauso wichtig ist wie der eigentliche Festablauf. So beginnt die Planung des nächsten Sabbats hinsichtlich Kleider- oder Speisenfragen in dem Augenblick, in welchem der dieswöchige Sabbat endet. Des weiteren erkennen wir, daß die Talmudweisen auf Ausgleich zwischen geistlicher und materieller Ebene bedacht sind, weil diese letztlich gar keine Gegensätze bilden. Kein Fest erschöpft sich in reinem Opferritus oder in der Rezitation heiliger Texte, etwa des Estherbuches zu *Purim,* worüber Traktat *Megilla,* "(Esther-)Rolle", handelt. Immer dreht es sich auch ums Essen und Trinken - man denke an das "berühmte" Sabbat-Ei (Traktat *Beza*, "Ei")! - oder um das Spazierengehen innerhalb der Sabbatweggrenzen (Traktat *Erubin,* "Vermischungen", d. h. Ausnahmen und Aufhebungen jener 2000-Ellen-Grenzziehung). Nur wird auch hierbei darauf geachtet, daß all dies nicht den Festcharakter und den damit Gott erwiesenen Dienst tangiert. Ebenso fließen ständig nationales und persönliches Feiern ineinander über. Die Festzeiten gelten dem Kollektiv Israel wie dem einzelnen Juden und seiner Familie. Die meisten Anlässe basieren auf dem gesamten Volk widerfahrenen heilsgeschichtlichen Ereignissen (*Pesach,* "Passafest": Herausführung aus Ägypten; *Schawuot,* "Wochenfest": Gabe der Tora am Berg Sinai; *Sukkot,* "Laubhüttenfest": behütetes Wohnen während der Wüstenwanderung; *Purim,* "Lose": Abwendung eines Judenpogroms in Persien etc.) oder auf nationalen Katastrophen wie das Fasten am 9. (des Monats) *Ab* zum Gedenken an erste und zweite Tempelzerstörung (M Ta'an IV,6; b Ta'an 29a ff.). Neben dem gemeinschaftlichen Begehen dieser Termine am Tempel oder in der Synagoge werden bewußt Möglichkeiten zu individuell-häuslicher Gestaltung aufgezeigt.

Viele *Mo'ed*-Kommentare nehmen eine Unterscheidung nach Traktaten, die eine klare Tora-Basis besitzen (*Pesachim, Sukkot* oder *Joma,* "Jom Kippur"/"Großer Versöhnungstag"), und denjenigen vor, die in späterer Zeit (zum Teil erst aufgrund der Worte der Schriftgelehrten) eingerichtete Festbegehungen widerspiegeln (*Purim*fest in *Megilla,* der Ablauf einer Fastenwoche anläßlich einer Dürre in *Ta'anit,* "Fasten", oder - ohne eigenen Traktat - die Feier des Wochenfestes in b Chag 17a-18a; b Men 65a-66a u. a. sowie von *Chanukka,* "[Tempelneu-]Weihe", in b Schab 21a ff.). Freilich ist auch erstere Kategorie rabbinisch recht frei kommentiert und überhaupt erst für die Festpraxis entfaltet worden. Man legt beispielsweise konkret fest, welche vier

Pflanzensorten für den *Sukkot*-Feststrauß die Tora (3. Mose 23,40) meint (M Suk III) oder wie aufgrund der allgemeinen Formulierung 4. Mose 29,7 das Fasten am *Jom Kippur* vonstatten gehen soll (M Joma VIII).

Daher erscheint eine andere Unterteilung der Traktate, die weniger auf die Anweisungen abhebt, als vielmehr den weißen Raum dazwischen würdigt, sinnvoller. Zweifellos ist allen der Gedanke der Heiligkeit, der Heiligung jener Feste, zentral. Ihr Haft- bzw. Orientierungspunkt sind der Tempelkult, die heiligen Versammlungen in Jerusalem anläßlich von Wallfahrten gewesen. Doch inzwischen ist die Stadt samt Heiligtum zerstört, weshalb es notgedrungen Aufgabe der Rabbinen ist, die Festbegehung der tempellosen Zeit, in der das einstige Ritual nur Erinnerungswert hat, anzupassen. Wie lassen sich kultische Traditionen weiterpflegen ohne die Gefahr sinnentleerter Imitation? Etwa: Kann man den *Jom Kippur* überhaupt noch feiern ohne Hohenpriester und ohne Sündenbock? Oder: Dem Passafest fehlen ab jetzt der Opfer- und damit Erlösungscharakter sowie das Lamm, bislang Symbol dieses Festes. Nachdem die Konzentration auf Jerusalem hinfällig wurde, nehmen die Rabbinen quasi eine räumliche Entschränkung der heiligen Zeiten dadurch vor, daß sie ein Entsprechungsverhältnis zwischen heiligem Zentrum von ehedem und heiliger Umgebung in der Gegenwart aufzeigen. Der Anspruch der Heiligkeit erstreckt sich diesbezüglich auf jeden Juden. Es findet ein Transfer des Tempelgeschehens hin zum gewöhnlichen Eßtisch jedes Hauses statt. Gerade hier soll die Nachahmung *(imitatio)* der Heiligkeit Gottes erfolgen. Auch er pausierte bekanntlich am siebenten Tag (der Weltschöpfung), trauert bis heute um die Zerstörung Jerusalems (b Ber 3a) und studiert täglich drei Stunden Tora (b AZ 3b). Hauptleistung der Rabbinen ist demnach die Ziehung jenes "Zaunes" um die Tora, durch den sich fortan die heilige Festzeit in einem bis dato profanen Umfeld feiern und dieses dadurch selbst heiligen läßt. Je nachdem, wie groß ihr Anteil an überlieferten Bestimmungen aus der Tempelära noch ist, lassen sich folglich unterscheiden:

- Traktate, die primär der Erinnerung an Feiern in Tempeltagen dienen, z.B. *Rosch ha-Schana*, "Neujahrsfest", oder *Joma*, von dessen acht Kapiteln sieben über die Aufgaben des Hohenpriesters am Großen Versöhnungstag handeln.

- Traktate, die primär an häuslichen Feiern in der Gegenwart interessiert sind, z.B. *Schabbat, Erubin* oder *Mo'ed Katan,* "kleine Festzeit", wo es die Frage, welche Arbeiten in den Zwischenfeiertagen des einwöchigen Passa- und Laubhüttenfestes erlaubt sind, zu diskutieren gilt.

In den Traktaten *Sukka,* "Laubhütte", und *Pesachim,* "Passafeste", wird beiden Momenten annähernd gleicher Raum gewidmet. Auf *Pesachim* wollen wir näher eingehen:

Die Gliederung dieses dritten Traktates des II. *Seder* folgt der chronologischen Ordnung des *Pesach* (griech./lat.: *Pascha,* daher unser: Passa):

- Kap. I-IV befassen sich mit häuslichen sowie verbotenen Arbeiten am 14. (des Frühlingsmonats) *Nisan,* dem Vor- oder Rüsttag des Festes, vor allem mit der Suche und Vernichtung von Gesäuertem (s. 4.3) sowie mit dem Backen der *Mazzot* (Mazzen), des ungesäuerten Brotes.
- In Kap. V-VIII nehmen wir (anachronistisch) am Schlachten der Lämmer am Tempel, am Blutsprengritus und der Verbrennung von Fetteilen auf dem Altar teil (s. 4.2), gehen aber dann wieder ins Haus und wohnen der Zubereitung der Lämmer am Nachmittag jenes 14. *Nisan* bei.
- Der Exkurs Kap. IX behandelt das "zweite" *Pesach* einen Monat später für diejenigen, die während des ersten verreist oder unrein waren (4. Mose 9,9ff.).
- Kap. X schildert die eigentliche häusliche Festnacht am Abend zum 15. *Nisan,* die sogenannte *Seder*-Feier, deren Ablauf der seit mittelalterlichen Tagen gebräuchlichen *Pesach-Haggada,* dem liturgischen Formular für jenes Familienpassa, zugrunde liegt.

Der heute noch relevante Teil jener Bestimmungen ist also in den Rahmenpartien des Traktates, vor allem natürlich in der Gottesdienstordnung für den Speisetisch, zu suchen. Doch das Gros der Anweisungen läßt sich bereits in dem Einsetzungsbericht des Passa im Kontext der zehnten ägyptischen Plage und der anschließenden Flucht der Israeliten 2. Mose 12,1-13,16 auffinden. *Pesachim* ist daher weitgehend eine rabbinische Wei-

terkommentierung jener beiden Tora-Kapitel, ergänzt um Reminiszenzen an die kultische Zeremonie am Zentralheiligtum im 1. Jhdt. n.Chr.
Da Jesu letztes Abendmahl mit großer Wahrscheinlichkeit eine Passa-*Seder*feier gewesen ist,[23] seien noch einige Anmerkungen zum Wesen des Festes gemacht: In dieser wichtigsten familiären Begehung im Jahreskreis artikuliert sich Befreiungstheologie. Denn Passa ist das Symbol nationaler Befreiung und überhaupt der Konstituierung Israels. An erwähntem historischen Fixpunkt hat sich Gott als geschichtsmächtiger Herr manifestiert, der jenes Volk erwählt und aus der Knechtschaft zur Freiheit geführt hat. Passa: "die Zeit unserer Befreiung". Darum stellt die *Pesach-Haggada* sozusagen die Urkunde der Unabhängigkeit Israels, die Konzentration auf den Kern israelitischer Heilsgeschichte, dar. Beim *Seder*abend steht nicht das Essen, sondern jenes Sich-Erinnern an den wundersamen Exodus im Zentrum. Er ist "die Nationalnacht des Judentums. Wer diese Nacht kennt, hat das Wesen des Judentums begriffen."[24] Das Volk wurde von menschlicher Unterdrückung befreit, um fortan Diener des Gottes zu sein, "der ich dich aus Ägyptenland geführt habe", wie die Schrift unzähligemal betont. Die Erinnerung, daß sein Ursprung in der Sklaverei liegt, läßt dieses Volk eine besondere, positive Einstellung zu Fremden, Minderbemittelten und Geknechteten finden, "denn ihr seid auch Fremdlinge gewesen" (3. Mose 19,34; vgl. 5. Mose 16,11f.; 23,8). Diese sozial-erzieherische Komponente des *Pesach* führt stringent zum "Liebe deinen Nächsten wie dich selbst!" Auch das sich auf Sklaven und Fremde beziehende Sabbatruhegebot wird mittels Verweis auf den Exodus begründet (5. Mose 5,14f.). *Pesach* stärkt aber ebenso das Zusammengehörigkeitsgefühl untereinander, denn dieses Fest hebt die Zeit auf und stellt eine Gleichzeitigkeit der Heutigen mit den Vätern her. "In jedem Zeitalter ist man verpflichtet, sich so anzusehen, als ob man selber aus Ägypten ausgezogen wäre. ... Deshalb sind wir verpflichtet, zu danken, zu preisen ... den, der an uns und an

23. Dazu Joachim Jeremias: Die Abendmahlsworte Jesu. Göttingen, [4]1967.
24. Isaak Breuer: Die Passahnacht. In: Friedrich Thieberger (Hrsg.): Jüdisches Fest - Jüdischer Brauch. Ein Sammelwerk. Königstein/Ts., [2]1979, S. 228.

unseren Vätern alle diese Wunder getan hat". (M Pes X,5) Diese Identifikation mit der Auszugsgeneration bewirkt ein je neues Selbst-Erleben jener Befreiung, die aktuelle Gegenwart wird. Schließlich stärkt *Pesach* die Hoffnung, daß von Israel in Bälde endgültig das Joch fremder Regierungen weggenommen und es aus allen Exilen dieser Welt herausgeführt werden wird: der Auszug von einst als Typus messianischer Erlösung. Jedenfalls wird erst in den Tagen des Messias der Exodus aus Ägypten zur Nebensache erklärt werden (b Ber 12b/13a). Solange nicht alle Juden dieser Welt frei und "nächstes Jahr in Jerusalem" sein können, muß *Pesach* als Ausdruck jüdischer Solidarität und Schicksalsgemeinschaft erhalten bleiben. So umfaßt der *Seder*abend alle drei Zeitstufen:

- den Vergangenheitsaspekt: Erinnerung an das Heilsgeschehen in Ägypten,
- den Gegenwartsaspekt: Gemeinschaft untereinander, Verbundenheit mit Gott und Erfahrung seines erlösenden Handelns im Hier und Heute,
- den Zukunftsaspekt: Hoffnung auf endgültige Befreiung, Sammlung und Heimführung der Zerstreuten zum Zionsberg.

Die beiden Hauptbezeichnungen des Festes nuancieren nur verschieden: *Pesach,* "(schonender) Vorübergang", rekurriert auf das Verschonen der mit dem Blutsymbol markierten Häuser (2. Mose 12,13.23), d. h. auf die Gnade Gottes; *Mazzot,* "ungesäuerte Brote", nimmt Bezug auf die überstürzte Flucht (2. Mose 12,39), d.h. letztlich auf das Rechnen mit göttlicher Versorgung. Entscheidend ist allein, daß das Gedenken daran "ewige Ordnung" (2. Mose 12,17.24) sein und den Kindern weitertradiert werden muß (2. Mose 12,26f.; 13,8.14). "Rabban Gamli'el (II., um 100 n. Chr.) sagt: 'Jeder, der nicht folgende drei Worte (Dinge) zu *Pesach* sagt (bespricht), hat seiner Pflicht nicht genügt: *Pesach, Mazza* und Bitterkräuter. *Pesach:* weil Gott an den Häusern unserer Väter in Ägypten vorübergegangen ist; *Mazza:* weil sie (unsere Väter) erlöst wurden; Bitterkräuter: weil die Ägypter das Leben unserer Väter in Ägypten bitter machten.'" (M Pes X,5) Gamli'el und andere Rabbinen brauchen also nur den biblischen Befund präzisierend zu entfalten.

4.2 Übungsbeispiel: Hillel und Sabbat, der 14. *Nisan*

Wir wollen einen Spezialfall, den die Tora nicht ausdrücklich klärt, zusammen mit dem Schriftgelehrten Hillel, der wenige Jahrzehnte vor Jesu Auftreten die maßgebliche Tora-Autorität im Land Israel gewesen sein soll,[25] lösen und dadurch zugleich rabbinisches Beweisverfahren näher kennenlernen. Folgt man der Chronologie des Johannesevangeliums, so starb Jesus am Nachmittag des 14. *Nisan,* d.h. am Rüsttag des Passafestes, als gerade die Lämmer am Tempel geschlachtet wurden. (Johannes 19,14) Am Abend, mit dem der 15. *Nisan* begann, fand demzufolge die *Seder*-Mahlzeit in den Häusern Jerusalems statt. Dieser 15. *Nisan* war damals ein Sabbat - wohl "großer Sabbat" deswegen genannt (Johannes 19,31), weil er mit dem ersten Passa-Feiertag zusammenfiel. In unserem Hillel-Beispiel sind Rüsttag und Sabbat termingleich, weshalb die damals noch strittige Frage zur Entscheidung anstand: Darf dann überhaupt eine Schlachtung - verbotene Arbeit Nr. 26 der 39 verbotenen Sabbatarbeiten (M Schab VII,2) - vorgenommen werden? Oder hat man das Lamm - nach der gegenüber der pharisäischen strikteren sadduzäischen Meinung (s.u. 6.2) - bereits am 13. *Nisan* zu schlachten?[26] Zunächst die Mischna:

> *M Pes VI,1f.:* [I] Folgende Dinge im Zusammenhang mit dem *Pesach*(lamm) verdrängen den Sabbat: seine Schlachtung und das Sprengen seines Blutes und das Abschaben seiner Eingeweide und das Verbrennen seiner Fetteile.
> [II] Aber sein Braten und das Ausspülen seiner Eingeweide verdrängen (ihn) nicht.
> [III] Sein Hintragen (zum Tempel) und sein Transport von außerhalb der (Sabbat-)Grenze und das Abschneiden einer Warze an ihm verdrängen (ihn ebenfalls) nicht.
> [IV] Rabbi Eli'ezer sagt: "Sie verdrängen(ihn)." ...
> [V] Als Regel stellte Rabbi Akiba auf: "Jede Arbeit, welche am Vorabend des Sabbats zu verrichten möglich ist, verdrängt den Sabbat nicht."

25. Generell zu Hillel mit weiterer Literatur Robert Goldenberg: Artikel "Hillel/Hillelschule". In: TRE. Bd. 15, S. 326-330.

26. Bill. 2 (s. o. Anm. 16), S. 819, 846.

Wir erfahren aus M, was in Jesu Tagen bedeutete: “Sie bereiteten das Passalamm” (Markus 14,16). Gegen 14 Uhr trägt der Hausvater das Lamm für seine Familie zum Tempel und schlachtet (“schächtet”) es im inneren Vorhof. Ein Priester fängt das Blut in einer Schale auf und reicht sie sofort an andere Priester weiter, die das Gott überstellte Blut gegen den Grund des Brandopferaltars sprengen (3. Mose 1,11; vgl. M Pes V,5-10). Die Fetteile werden durch Verbrennen ebenfalls Gott geopfert. Nach dem Abhäuten erfolgt das Abschaben (Ausweiden) der ungenießbaren Eingeweide (Exkremente) sowie das Ausspülen der eßbaren. Wie der Hintransport geschieht auch das Heimschaffen des Tieres “rittlings” auf der Schulter. Im Kreise der Familie oder Gruppe wird es unzerlegt gebraten (2. Mose 12,9) und im Rahmen der nächtlichen Feier ganz verzehrt (Markus 14,14).
Wie ist aber die Praxis an einem Sabbat-Rüsttag? Die anonyme Weisenmajorität gestattet nur die Handlungen, die unmittelbar mit der am 14. *Nisan* gebotenen Opferung zusammenhängen (Schlachten, Sprengen, Verbrennen) bzw. den Verwesungsprozeß aufhalten (Abschaben) [I], nicht aber die Arbeiten, die man vor (Hintragen des Lammes von außerhalb einer Sabbatwegstrecke von zirka einem Kilometer, Beseitigung einer Warze, durch die das Tier laut 3. Mose 22,22 nicht opferungsfähig wäre) [III] oder nach dem Sabbat (Auswaschen, Braten; nach M Pes V,10 natürlich ebenso das Wegtragen vom Tempel) erledigen kann [II]. Die allgemeine Richtlinie formuliert R. Akiba [V]. R. Eli'ezer gibt sich liberaler; er behauptet: Auch die Vor- und Nachbereitungen zur Erfüllung einer den Sabbat aufhebenden *Mizwa* sind am Sabbat erlaubt, selbst wenn sie vor- oder nachher ausgeführt werden könnten [IV]. Demgegenüber sind die Rabbinen darauf bedacht, sowohl der Heiligung des Sabbats als auch den Pflich-ten des *Pesach*-Rüsttages Genüge zu tun.
Die *Gemara* versucht hierzu eine Tora-gemäße Begründung zu liefern. bT bietet die gestraffte, “verbesserte” Version der breiten palästinischen *Gemara*, die aus Platzgründen nur auszugsweise - durch [+] gekennzeichnet - bT beigefügt wird:

b Pes 66a/b (p Pes VI,1,33a): [I] Es lehrten die *Rabbanan* (in einer *Baraita*): Diese *Halacha* (von M) war den Söhnen Beteras (Bathyras) entfallen.
[II] Einmal fiel der 14. *(Nisan)* auf einen Sabbat. Jene (aber) hatten vergessen und wußten nicht, ob das *Pesach*(-opfer) den Sabbat verdrängt oder nicht. Sie sprachen: "Gibt es jemanden, der (darüber Bescheid) weiß, ob das *Pesach*(-opfer) den Sabbat verdrängt oder nicht?" Man antwortete ihnen: "Es gibt einen Mann, der aus Babylonien einwanderte - Hillel der Babylonier heißt er -, der bei den zwei Großen (Gelehrten) des Zeitalters, nämlich bei Schemaja und Abtaljon, studierte und (daher) weiß, ob das *Pesach*(-opfer) den Sabbat verdrängt oder nicht."
[+ "Möglich, daß er (uns) von Nutzen ist."]
[III] Sie schickten (nach ihm), riefen ihn (und) fragten ihn: "Weißt du etwa, ob das *Pesach*(-opfer) den Sabbat verdrängt oder nicht?" Er entgegnete ihnen: "Gibt es denn für uns (nur) ein *Pesach*(-opfer) im Jahr, das den Sabbat verdrängt? Gibt es denn nicht für uns weit mehr als 200 *Pesach*(-opfer) im Jahr, die den Sabbat verdrängen?"
[+ Sie sprachen zu ihm: "Wir haben schon gesagt, daß du (uns) von Nutzen bist." Er begann, ihnen (dies) zu erläutern mittels (der Auslegungsregeln) *Hekesch, Kal wa-Chomer* und *Gezera schawa:* "Mittels *Hekesch:* Wenn das tägliche Opfer (*Tamid*) ein Gemeinschaftsopfer und (auch) das *Pesach* ein Gemeinschaftsopfer ist, sollte dann nicht, weil das tägliche Opfer als Gemeinschaftsopfer den Sabbat verdrängt, auch das *Pesach* als Gemeinschaftsopfer den Sabbat verdrängen?"]
[IV] Sie sprachen zu ihm: "Woher weißt du das?" Er antwortete ihnen: "(Mittels *Gezera schawa:*) Es heißt (4. Mose 9,2) *seine festgesetzte (rechte) Zeit* beim *Pesach*(-opfer) und es heißt (4. Mose 28,2) *seine festgesetzte Zeit* beim täglichen Opfer. Wenn nun das tägliche Opfer, bei dem *seine festgesetzte Zeit* gesagt ist, den Sabbat verdrängt, dann verdrängt auch *Pesach*, bei dem ebenfalls *seine festgesetzte Zeit* gesagt ist, den Sabbat.
[V] Und ferner mittels *Kal wa-Chomer:* Wenn das tägliche Opfer, das (bei Unterlassung) nicht die Strafe der Ausrottung

(durch Gottes Hand) nach sich zieht, den Sabbat verdrängt - muß dann nicht um so mehr *Pesach*, das (bei Unterlassung) die Strafe der Ausrottung nach sich zieht (2. Mose 12,15.19), den Sabbat verdrängen?"

[+ Sie sprachen zu ihm: "Wir haben schon gesagt: Wenn (uns) da mal der Babylonier von Nutzen ist!" ... (pT läßt nunmehr die Gelehrten von Betera alle drei Beweisgänge Hillels widerlegen) ... Obwohl er (Hillel) dasaß und ihnen (dies) den ganzen Tag über erläuterte, nahmen sie es ihm nicht ab, bis er zu ihnen sagte: "Möge (Böses) mir widerfahren! So habe ich es von Schemaja und Abtaljon gehört!"]

[VI] Sofort erteilten sie ihm den Vorsitz und wählten ihn zum *Nasi* ("Fürst") über sich. Und er erläuterte ihnen den ganzen Tag über die *Pesach-Halachot* (Bestimmungen). (Dann) begann er, sie mit Worten zu kritisieren, indem er sagte: "Was brachte euch dazu, daß ich aus Babylonien einwandern und *Nasi* über euch werden mußte: (nur) die Faulheit unter euch, daß ihr nicht bei den zwei Großen des Zeitalters, bei Schemaja und Abtaljon, studiert habt!"

[+ Während er sie (so) mit Worten kritisierte, entfiel ihm die *Halacha*.]

[VII] Sie sprachen zu ihm: "Rabbi, (wenn einer) am Vorabend (13. *Nisan*) jenes Sabbats das Messer (zum Schlachten) vergessen und nicht (zum Tempel) mitgebracht hat - was dann?" Er antwortete ihnen: "Diese *Halacha* hörte ich und vergaß sie. Aber laß sie - die Israeliten - nur machen! Wenn sie auch keine Propheten sind, so sind sie (doch immerhin) Abkömmlinge von Propheten." Am nächsten Tag (14. *Nisan*) steckte derjenige, dessen *Pesach* ein Lamm war, es (d.h. das Messer) in seine Wolle, und derjenige, dessen *Pesach* eine Ziege war, es zwischen ihre Hörner. Als er (Hillel) diese Tat sah, erinnerte er sich (wieder) an die *Halacha* und sagte: "So wurde es mir (auch) aus dem Munde Schemajas und Abtaljons überliefert!"

[VIII] ... Rab Jehuda sagte im Namen Rabs: "Jeder Hochmütige - falls er ein Weiser ist: Seine Weisheit wird von ihm weichen; falls er ein Prophet ist: Seine prophetische Gabe wird von ihm weichen!"

Wir haben es mit einer halachischen Diskussion im haggadischen Gewand zu tun, das an der von Legenden umrankten Persönlichkeit Hillels, hier konkret an seinem Aufstieg zum Vorsitzenden des Gelehrtengremiums, interessiert ist. Der Text bildet sicher kein Stück aus einem Guß, eher ein *Compositum mixtum,* weshalb es unwahrscheinlich scheint, "daß diese Erzählung auch nur ein winziges Stück historisch verwendbarer Information enthält. ... Die bloße Hinzufügung Hillels machte Geschichten eindrucksvoller."[27] Uns soll die halachische Debatte interessieren, bei der sich vielmehr Hillels "Abstieg" in drei Akten dokumentiert.
Akt 1 [I-III] präsentiert das Problem (Darf am *Pesach*-Rüsttag, der zugleich Sabbat ist, die Schlachtung am Tempel vollzogen werden?) und die Kontrahenten: Hillel, "zugereist" aus Babel, Schüler des palästinischen Gelehrtenpaares Schemaja und Abtaljon (Mitte des 1. Jhdt.s v.Chr.), und die Betera-Söhne, eine in Israel führende aristokratische, als höchst staats- und tempelloyal bekannte Familie. Hillel weist sie darauf hin, daß pro Jahr mehr als 200 Opfer am Sabbat dargebracht werden, denn das aus je zwei Schafen bestehende tägliche Gemeinschaftsopfer wird am Sabbat um weitere zwei Tiere vermehrt (4. Mose 28,3f.9f.). Warum soll dann nicht auch das *Pesach*-Opfer am Sabbat gestattet sein? Hillels autoritativer Entscheid - logisch zudem - wird angenommen; seine Vollmacht und sein "Nutzen" stehen außer Frage. Die Geschichte könnte damit schon zu Ende sein.
In Akt 2 [IV-V] gelingt dies Hillel laut bT durch zwei exegetische Schlußfolgerungen. Doch pT zufolge werden die dort angestellten drei Beweisgänge von den Betera-Leuten abgewiesen. Der Babylonier ist ihnen nun nicht mehr von Nutzen. Man muß wissen, daß ja auf Hillel selbst die sieben maßgeblichen Schriftauslegungsprinzipien *(Middot)*, von denen hier zwei bzw. drei Anwendung finden, zurückgeführt werden (Tos Sanh VII,12; ARN XXXVII,10). Welch eine Ironie, daß er sich nun mittels ihrer nicht durchsetzen kann! *Hekesch* bezeichnet die Methode des Vergleichs, der Sachanalogie: Zwei an sich verschiedene Dinge in der Tora werden aufgrund einer Gemeinsamkeit einan-

27. Jacob Neusner: Judentum in frühchristlicher Zeit. Stuttgart, 1988, S. 84, 94.

der gleichgestellt. In unserem Beispiel geschieht die Gleichsetzung von *Tamid*- und *Pesach*opfer hinsichtlich ihres Gemeinschaftscharakters, der nach Hillel dann ebenso auf ihrer beider Durchführung am Sabbat weiterschließen läßt [III, pT-Version]. *Gezera schawa,* "gleiche Verordnung", meint die Wortanalogie: Wenn zwei verschiedene Tora-Verse irgendeine - selbst nebensächliche - identische Formulierung aufweisen, ist die Auslegung des einen durch den anderen möglich. Der Ausdruck "seine festgesetzte Zeit" begegnet sowohl im Blick auf *Tamid* wie *Pesach.* Also muß man mit Hillel auch die Legitimität des für Sabbat von der Tora nicht ausdrücklich gebotenen *Pesach* analog zum *Tamid* schlußfolgern [IV]. *Kal wa-Chomer,* "Leichtes und Schweres", definiert die bekannte Argumentation vom Leichten zum Schwereren (Bedeutenderen): Im Zusammenhang mit den *Tamid*-Opferbestimmungen ist keine Andeutung zu finden, daß seine Unterlassung den jähen (Ausrottungs-)Tod durch Gott selbst nach sich zieht. Wohl aber droht 2. Mose 12 diese Strafe bei Nicht-Befolgen des *Pesach*-Schlachtens an. Um wieviel mehr muß demnach gegenüber dem *Tamid* das *Pesach*opfer am Sabbat erlaubt sein [V]! Für pT genügt die Anwendung jener Auslegungsprinzipien nicht. Erst als Hillel seine Entscheidung als konform mit der seiner beiden Lehrer erklärt, treten die Betera-Leute zurück und wählen ihn zum Vorsitzenden. Will sagen, Hillels Autorität beruht allein auf seiner Schülerschaft bei namhaften Weisen, auf seiner Einordnung in die schriftgelehrte Tradition. "Ihr habt *gehört*, daß zu den Alten gesagt wurde ..." (Matthäus 5,21 u. ö.). Wieder könnte die Erzählung an dieser Stelle enden.

Denn mit Akt 3 [VI-VIII] beginnt die Diskussion einer Detailfrage: Wenn also am Sabbat, dem 14. *Nisan*, das Schlachten der *Pesach*-Opfertiere möglich ist - wie geht man dann vor, wenn man sein Schlachtmesser nicht schon vor dem Sabbat zum Tempel gebracht hat? Denn etwas im öffentlichen Bereich tragen ist am Sabbat verboten und gehört ebenfalls zu den Verrichtungen, die selbst am *Pesach*-Rüsttag nicht möglich sind [M III]. Man könnte folglich sein Tier nicht schlachten und am Abend nicht das Passa feiern. Verwoben mit der Begebenheit, daß Hillel hochnäsig und geringschätzig wird und deshalb - offenbar durch Intervention

Gottes - all seine Weisheit temporär vergißt, macht [VII] auf den schon lang etablierten Brauch der gewöhnlichen Leute aufmerksam: Sie führen ihre Tiere zum Tempel (Führen statt Tragen ist am Sabbat erlaubt; vgl. M Schab V,1) und befestigen die Messer an ihnen, so daß hier ein auf ungewöhnliche Weise durchgeführter und somit möglicher Transport der Messer stattfindet. Hillel fällt erst beim Zuschauen die Übereinstimmung jenes Brauches mit der *Halacha* seiner Lehrer wieder ein. Er attestiert im nachhinein, daß die Praxis des Volkes die richtige ist. Es bräuchte gar keine rabbinische Belehrung, denn es steht in der Tradition der Propheten. Überspitzt ausgedrückt: Der *Am ha-Arez,* das ungebildete Volk, ist geistbegabt und führt Hillel die *Halacha* vor Augen - ihm, von dem es anderwärts sechsmal (z. B. b Sot 48b; b Sanh 11a) heißt, er sei würdig gewesen, daß die *Schechina* (Gottes Präsenz) auf ihm ruhte, doch die Leute seiner Zeit seien dessen nicht würdig befunden worden. [VIII] lehrt die "Moral": Hochmut kommt vor dem Fall.

Meines Erachtens ist die gesamte Darstellung eine rabbinische Schulaufgabe gewesen: Wodurch wird eine *Halacha* wirklich autoritativ? Das vierfache Lösungsangebot lautet: (a) durch die Vollmacht eines Schriftgelehrten [III], (b) durch Anwendung von Auslegungsregeln, um eine Tora- Basis zu gewinnen [III pT, IV-V], (c) durch Volkesbrauch, der aufgrund seiner Praktikabilität im Leben halachische Bedeutung gewinnen kann [VII], und (d) durch Berufung auf die Tradition, was den Rabbinenschülern am nachdrücklichsten eingeprägt wird [II, V pT, VI-VII]. Wahre Autorität erweist sich in der Rückbindung an und der Unterordnung unter die Alten. Vor allem pT geht darum mit dem *Nasi*-Amt Hillels (und seiner Nachfolger) hart ins Gericht. Der Patriarch hat nichts zu bieten, was nicht schon längst das Volk wüßte. Seine moralische Entgleisung [VI] läßt zudem seine Beförderung unverdient erscheinen. Der zugereiste Babylonier verdankt sie nur seinen palästinischen Lehrern. Die Sabbat-14. *Nisan*-Debatte liefert dabei bloß die Hintergrundfolie.

4.3 Aufgabe: "Fegt den alten Sauerteig aus!"

Nach unserer Beschäftigung mit einst relevanten Fragen zum

Tempelopfer wenden wir uns dem weiterhin gültigen Teil des Traktates zu, der von den häuslichen Passa-Vorbereitungen handelt. 2. Mose 12,15.19; 13,7 schärft ein, daß während des gesamten Festes nichts Gesäuertes in den Häusern gefunden werden darf. Die mündliche Tora ordnet darum die akribische Durchsuchung jeder jüdischen Wohnung am Abend zum 14. *Nisan* an (p Pes I,4,27c; b Pes 4b). Das Wegschaffen des Gesäuerten würde übrigens wieder den Sabbat verdrängen (M Pes III,6). Da sich nicht ein Krümel mehr im Hause befinden darf, ist im Grunde tagelanges Großreinemachen, ein Frühjahrsputz aus religiöser Motivation, angesagt - Ärzte diagnostizieren bei vielen Frauen heute an jenen Tagen das sogenannte "*Pesach*-Streß-Syndrom"[28] -, ehe der Hausvater am Rüsttag mittels einer Wachskerze noch einmal jede Ecke von Zimmer und Keller absucht, etwaige Brotreste mit einem Federwisch zusammenkehrt, um sie in den Morgenstunden zu verbrennen. Dann spricht er folgende Haftungsausschlußformel: "Alle Arten von Gesäuertem und Hefe, die sich in meinem Besitz befinden, jene, die ich nicht gesehen habe, sowie jene, die ich nicht entfernt habe, werden hiermit aufgegeben und sollen fortan wie der Staub der Erde betrachtet werden."

Was ist Gesäuertes *(Chamez)?* Im Unterschied zum Säuerungsmittel Sauerteig *(Se'or)* hat man es mit frischem Teig, dem Sauerteig zugefügt und der nun in Gärung gebracht wird, zu tun. Alles, was aus einer von fünf Getreidearten (Weizen, Gerste, Dinkel, Hafer, Roggen; vgl. M Pes II,5) unter Kontakt mit Flüssigkeit hergestellt ist, neigt innerhalb von kurzer Zeit - nach den Rabbinen: solange man benötigt, um eine römische Meile zu gehen (b Pes 46a), nämlich etwa 18 Minuten - zur Fermentierung. Folglich müssen am Rüsttag neben Brot und Gebäck auch Whisky, Bier ("flüssiges Brot"), nach manchen selbst Nicht-Eßbares wie Parfüm oder Kosmetika, die aus Korn gebrannten Alkohol enthalten, außer Haus geschafft oder rechtsgültig für die Festtage an Nichtjuden verkauft werden. Das Gegenstück zu *Chamez* ist *Mazza* (Plural: *Mazzot*), ungesäuertes Brot, das zumindest für den *Pesach-Seder*abend unter Hinweis auf den historischen Angelpunkt

28. Jerusalem Post. National Edition vom 13.4.1989, S. 7.

2. Mose 12,39 geboten ist (2. Mose 12,8.18.20). Zwar besteht es ebenfalls (nur) aus Weizenmehl und Wasser, doch durch kontinuierliches Kneten des Teiges, durch flaches Ausrollen, Durchlöcherung mittels Stichhölzern und einen nicht länger als 18 Minuten währenden Gesamtherstellungsprozeß verhindert man jegliches Gären.

Wer in antijüdischer Manier im Blick auf die Suche nach *Chamez* von "den zeitvergeudenden und geisttötenden Pflichten des frommen Juden" spricht,[29] kennt nicht die Innenseite jenes äußerlichen Tuns. Da Gärung im heißen Orient schnell in Verwesung übergeht, fungiert Gesäuertes als Symbol von Unreinheit und Verfall. In übertragenem Sinne: Der böse Trieb des Menschen repräsentiert den Sauerteig im Teig, der die Erfüllung des Willens Gottes verhindert (b Ber 17a). Wer *Chamez* beseitigt, bekundet zugleich die Absicht zur Entfernung des psychischen Sauerteiges widergöttlicher Anwandlungen. In einem modernen *Pesach*-Gebet heißt es: "Möge es dein Wille sein, daß, so wie ich gerade *Chamez* aus meiner Wohnung entferne, du den Geist der Unreinheit von der Welt und den bösen Trieb aus uns entfernen mögest. Laß alles Böse in Rauch aufgehen ..." Demgegenüber symbolisieren die Mazzen "das Brot des Elends" (5. Mose 16,3) und zugleich das Brot der Befreiung.

Wollen wir uns nun konkret "heiligen Gedankenspielen" widmen: Was wäre, wenn ein Wiesel oder eine Maus *Chamez* in schon durchsuchte Häuser zurückträgt?

> *M Pes I,2:* Man befürchtet nicht, daß etwa ein Wiesel (Gesäuertes) aus einem (noch nicht gereinigten) Haus in ein (bereits gesäubertes) Haus und von einem Ort nach einem (anderen) Ort verschleppt haben könnte. Wenn solches (zu befürchten wäre, müßte man dies auch annehmen) von Hof zu Hof oder von Stadt zu Stadt, und es gäbe für die Sache kein Ende (d. h., man müßte ständig von neuem suchen).
> *b Pes 10a/b:* [I] Ein Haufen *Chamez* (im Freien) und vor ihm zwei durchsuchte Häuser: Und es kam eine Maus und nahm

29. Georg Beer: Pesachim (Ostern). Gießener Mischna. II/3. Gießen, 1912, S. 111.

(etwas davon), und man weiß nicht, ob sie in das eine oder andere (Haus) gelaufen ist siehe, das ist (vergleichbar dem Fall mit den) zwei Pfaden. Denn wir haben gelernt (vgl. M Toh V,5): (Wenn) es zwei Pfade gibt, einer (rituell) unrein (weil er über ein vergessenes Grab hinwegführt und darum Leichen-Unreinheit auf Menschen überträgt) und einer rein, und jemand ging den einen von beiden und berührte (hernach) Reines (z. B. für Priester bestimmte Speisen), und (später) kam sein Kollege und ging den zweiten und berührte (hernach ebenfalls) Reines, (so) entscheidet Rabbi Jehuda: "Wenn jeder von ihnen für sich (hernach Rabbinen) konsultiert (ob er sich verunreinigt habe), (so sind beide) als rein (zu erklären). (Doch wenn) beide zusammen (zur Befragung kommen), (so sind beide) als unrein (zu erklären) ..."

[II] Es legte jemand *(Chamez)* in diese Ecke und fand es (später) in einer anderen Ecke: (Darüber besteht) eine Meinungsverschiedenheit zwischen Rabban Schim'on ben Gamli'el und den *Rabbanan*. Denn es wurde gelehrt: (Wenn) eine Axt im Haus verschwunden ist, (so) ist das Haus unrein, denn ich behaupte: Ein unreiner Mensch ging dort hinein und entfernte sie (und berührte dabei noch weitere Dinge). (Doch) Rabban Schim'on ben Gamli'el sagt: "Das Haus ist rein, weil ich behaupte: Er borgte sie (die Axt) einem anderen und vergaß (sie), oder er nahm sie aus dieser Ecke und legte sie in die andere Ecke, aber vergaß (dies) ..."

[III] Es sprach Raba: "(Wenn) eine Maus (in ein Haus) hineingelaufen ist mit einem Stück Brot in ihrem Maul und man geht danach hinein und findet Krümel, so ist eine (erneute) Durchsuchung notwendig, weil es nicht die Art einer Maus ist zu krümeln." Weiter sagte Raba: "(Wenn) ein Kind (in ein Haus) hineingelaufen ist mit einem Stück Brot in seiner Hand und man geht danach hinein und findet Krümel, so ist keine (erneute) Durchsuchung notwendig, weil es die Art eines Kindes ist zu krümeln."

a) Wie läßt sich der Fall von den zwei Pfaden auf die *Chamez*-Thematik von [I] anwenden?
b) Weshalb plädieren die Rabbinen in [II] für erneute Untersuchung des Hauses?
c) Was unterscheidet nach [III] ein Kind von einer Maus?
d) Wie mag Jesu Sauerteig-Gleichnis (Matthäus 13,33) auf jüdische Hörer gewirkt haben?
e) Warum betreten Juden das Prätorium, die Residenz des Pilatus, nicht (Johannes 18,28)?
f) Lesen Sie 1. Korinther 5,6-8 im größeren Zusammenhang von 1. Korinther 5! Was versteht hier Paulus unter "Sauerteig" und "Ungesäuertem" ("Süßteig")?

Kapitel 5: Talmudordnung III - "Frauen(fragen)"

5.1 Vorbemerkung: Rabbinisches Eheverständnis und Wertung der Frau

"Die Frau wird auf drei Arten erworben (wörtlich: "gekauft") und erwirbt sich (wiederum) ihrerseits auf zwei Arten: Sie wird erworben durch Geld, Urkunde und Beiwohnung. ... Sie erwirbt sich selbst durch *Get* (Scheidebrief) und durch den Tod des Ehemannes" (M Kid I,1). Dieser lapidare Beginn des Traktates *Kidduschin*, "Anheiligung", "Verlöbnis", nennt die Möglichkeiten von Eheschließung und -ende: Der Mann als handelndes Subjekt "nimmt sich" (s. 5. Mose 22,13) eine Frau durch Geld (eine Wertsache, seit mittelalterlichen Tagen: ein Ring) oder durch Überreichung einer Urkunde, die die Trauformel enthält, oder - schon in talmudischen Tagen verpönt (b Kid 12b) - durch Vollzug des Beischlafs in der elterlichen Wohnung der Braut. Andererseits wird die Frau wieder unabhängig und frei für eine neue Beziehung durch Empfang des Scheidebriefes von seiten des Mannes oder durch dessen Tod. Schon diese Bemerkungen machen evident, daß die jüdische Ehe kein Sakrament, vielmehr eine zivilrechtliche Angelegenheit, und die Scheidung eine zwar nicht wünschenswerte, aber mögliche Einrichtung ist.[30]
Die sieben Traktate des Talmud-*Seder* III behandeln den facettenreichen Komplex eherechtlicher Fragen unter primär sozialem und finanziellem Aspekt - noch heute im Staat Israel ausschließlich in der Hand der (religiösen) Rabbinatsgerichte. Die Talmudweisen haben die Rolle der jüdischen Frau im vom Patriarchat dominierten sozialen Gefüge festgeschrieben. Während die Tora Nachdruck auf illegitime, inzestuöse Verbindungen (3. Mose 18;

30. Jacob Posen: Die Stellung der Frau im jüdischen Religionsgesetz (Halacha). Jud. 41. Basel, 1985, S. 142-151; Marianne Wallach-Faller: Veränderungen im Status der jüdischen Frau in der Geschichte. Ebd., S. 152 ff.; allgemein das Themenheft "Frau im Judentum" von Emuna. 10. Frankfurt, 1975, Supplementheft 1.

5. Mose 27,20-23) und auf gestörte, gewaltsame Beziehungen (Vergewaltigung, Ehebruch: 5. Mose 22,13ff.) legt, ergänzen die Rabbinen sie bewußt um die von ihr stillschweigend vorausgesetzten Belange betreff Eheschließung, -ordnung und -stabilität. Symptomatisch hierfür ist, daß die Tora sehr wohl vom Scheidebrief spricht (5. Mose 24,1ff.), aber - obwohl öfter von Hochzeitsfeiern erzählend (u.a. 1. Mose 29,21ff.) - die *Ketubba*, den Ehekontrakt, nicht kennt, der bereits im babylonischen Kodex Hammurapi (1700 v.Chr.) und in alttestamentlichen Tagen in der jüdischen Söldnerkolonie auf der Nilinsel Elephantine (ab 525 v.Chr.) belegt ist.[31] Die heutige *Ketubba*-Institution geht daher erst auf eine Anordnung der Schriftgelehrten zurück (b Ket 10a.56a/b).

Im Talmud erschließt sich uns eine Welt, die die Mann-Frau-Beziehung bis ins Detail vertraglich regelt: im Hinblick auf Mitgift (s.u. 5.2), Übertragung von Besitzrechten vom Vater der Braut auf den Mann, Illegitimität und Unterhalt von Kindern, die ehelichen Verpflichtungen, Polygamie, die ehebrecherische Frau, Versorgung der Witwe, Scheidungsgründe (s.u. 5.3) und die korrekte Abfassung eines *Get*. Er bedenkt vor allem die neuralgischen Punkte, die sorgfältiger Ordnung bedürfen: den Moment der "Anheiligung" der Frau - Heiligung verstanden als ein Akt des Mannes und Gottes zugleich! - und das Ende der "heiligen" Verbindung. Solange die irdisch-rabbinische Ordnung gewahrt bleibt, bleibt auch die Ehe im Himmel sanktioniert. Man kann sagen: Gott legitimiert, was die Weisen hier tun und regeln; *Ketubba* wie *Get* werden von Gott bestätigt. Die Traktate lassen sich chronologisch differenzieren:

- Vollzug der Verlobung und Heirat: *Kidduschin* und *Ketubbot* ("Hochzeitsurkunden"),
- Probleme während der Ehe: besonders *Nedarim* ("Gelübde" der Frau) und *Sota* (die des Ehebruchs verdächtige Frau),
- Scheidung/Wiederverheiratung: *Gittin* ("Scheidebriefe") und *Jebamot* (Schwagerehe).

31. Bezalel Porten: Jews of Elephantine and Arameans of Syene. Jerusalem, 1976, S. 21-23.

Eine andere Einteilung[32] unterscheidet nach Handlungsträgern:

- Traktate mit dem Mann als handelndem Subjekt: *Kidduschin*, *Ketubbot*, *Gittin*,
- *Sota*: einziger Traktat mit der ("abweichenden" und sich einem bestimmten "Fluchwasser"-Ritual - s. 4. Mose 5,11ff. - unterziehenden) Frau als handelndem Subjekt,
- Gott selber dekretiert die Schwager-(Levirats-)ehe für die Frau, deren Mann starb, ohne einen Sohn zu hinterlassen (5. Mose 25,5ff.; Paradefall: Markus 12,18ff.).
- *Nedarim* (s. 4. Mose 30) und *Nazir* ("Gottgeweihter", s. 4. Mose 6) berühren sowohl irdische wie himmlische Dimen-sion, weil in ihrem Mittelpunkt die Gelübde (der Frau) gegenüber Gott, d.h. sich selbst auferlegte Beschränkungen, stehen, die durch ihren Vater bzw. Mann bekräftigt oder aufgehoben werden können, wenn sie das Eheverhältnis entscheidend tangieren (z.B. wenn die Frau dem Geschlechtsverkehr oder Fleisch-/ Weingenuß entsagt).

In rabbinischen Tagen besteht die Eheschließung aus zwei bis zu einem Jahr voneinander getrennten Stufen (M Ket V,2):
a) *Kidduschin/Erusin:* die Ver- oder Anlobung begründet im Unterschied zur Verlobung nach unserem Verständnis bereits die Aneignung der Frau. Im Beisein von zwei Zeugen spricht der Mann die Trauformel: "Siehe, du bist mir angeheiligt/angetraut (heutige Fortsetzung: "durch diesen Ring nach der Sitte/Religion Moses und Israels")" (b Kid 5b) - trotz religiöser Begrifflichkeit ein profaner Akt. Geschlechtsverkehr mit der im Vaterhaus verbleibenden Frau ist verboten, die Verlobung jedoch nur durch Scheidung oder Tod des Mannes aufhebbar. Dies war übrigens Marias Status, als sie schwanger wurde (Matthäus 1,18; Lukas 1,27).
b) *Nissu'in*, die eigentliche Heirat durch "Heimführung" der Frau in das Haus des Mannes - auch *Chuppa*, "Traubaldachin", "Brautgemach", genannt -, erfolgt durch Festmahl und -feier sowie durch Vollzug des Beischlafs im (Vater-)Haus des Bräutigams. -

32. Jacob Neusner: A History of the Mishnaic Law of Women. SJLA. 33/5. Leiden, 1980, S. 13f.

Seit dem 12. Jhdt. sind jene beiden Teile zu einer einzigen Zeremonie zusammengefaßt, wobei die laute Verlesung der *Ketubba* und ihre Aushändigung an die Frau zentrale Bedeutung erlangt haben.

Ketubba bezeichnet sowohl die Urkunde wie auch die in ihr genannte im Falle von Scheidung und Tod des Mannes der Frau auszubezahlende Summe, die sich aus einem Grundbetrag (200 Denar für eine Jungfrau, die Hälfte für eine Witwe oder Geschiedene), aus diversen Zulagen von seiten des Mannes, der Mitgift und sonstigen der Frau gehörenden Geschenken zusammensetzt (M Ket I,2ff.; V,1). Besondere in der *Ketubba* verbriefte Vereinbarungen bilden die Unterhaltserklärung des Mannes im Blick auf Nahrung, Kleidung und Geschlechtsverkehr (vgl. 2. Mose 21,10), die Pflege seiner Frau bei Krankheit oder ihre Auslösung aus Gefangenschaft (M Ket IV,8f.) bis hin zu Erbschafts-, Wohnrechts- und Unterhaltsfragen die Töchter und die Witwe betreffend. Konnte der Mann zunächst einfach die ausgemachte Summe im Blick auf eine Scheidung zurücklegen, so verfügt im 1. Jhdt. v. Chr. der Schriftgelehrte Schim'on ben Schätach, daß ab der Eheschließung der gesamte Besitz des Mannes als hypothekarisch verpfändet gilt und bei seinem Tod oder bei Scheidung - gerade um diese zu erschweren - für die *Ketubba* einzulösen ist (p Ket VIII,8,32b; b Ket 82b). In heutiger *Ketubba*-Formulierung: "Der Betrag muß gezahlt werden aus allem, was ich an beweglichem und unbeweglichem Gut besitze oder erwerben werde, ja selbst vom Erlös des Mantels auf meiner Schulter." So bildet die *Ketubba* sozusagen einen Schuldschein und trägt den Unwägbarkeiten des Lebens Rechnung, indem sie eine finanzielle Absicherung der zweifellos in der patriarchalischen Gesellschaft benachteiligten alleinstehenden Frau bedeutet.[33] Von der relativen Schutzlosigkeit der Witwen und Waisen spricht die Tora oft (5. Mose 27,19 u. a.). Man darf auch nicht übersehen, daß die seit biblischen Tagen mögliche - man erinnere sich an Jakob! -, doch *de facto* unübliche Form der Bigamie oder gar Polygamie (b Jeb 65a) - nur ein Rabbi der 2.800 Talmudgelehrten soll mit mehr als

33. Dazu Günter Mayer: Die jüdische Frau in der hellenistisch-römischen Antike. Stuttgart/Berlin/Köln/Mainz, 1987, S. 82f.

einer Frau verheiratet gewesen sein - die *Ketubba*-Institution geradezu bedingt. Erst aufgrund der *Takkana* Gerschoms von Mainz, der "Leuchte der Diaspora" (ca. 960-1028/1040), wird Vielehe mit dem Bann belegt und zudem statuiert, daß sich ein Mann nicht ohne Zustimmung seiner Frau scheiden lassen darf. Die rabbinische Wertung der Frau zählt zu den von Nichtjuden mißverstandenen Themen. Frauen sind aufgrund ihrer biologischen Konstitution von allen positiven *Mizwot* befreit, die von einer bestimmten Zeit abhängig sind, beispielsweise vom Anlegen der Gebetsriemen am Morgen oder von der *Schma'*-Rezitation morgens und abends (M Ber III,3). Trotzdem soll Sauls Tochter Michal *Tefillin* angelegt und Jonas Gattin anläßlich der jüdischen Feste Wallfahrten nach Jerusalem unternommen haben, "und die Weisen wehrten es ihr nicht" (b Er 96a). Auch das Gebot des Tora-Studiums betrifft nur den Mann, ist aber der Frau nichtsdestotrotz erlaubt. Sie lauscht den *Haggadot* und *Halachot* der Weisen; nicht von ungefähr sind gerade Töchter berühmter Gelehrter begehrte Heiratsobjekte (b Pes 49b). Dies alles hat nichts mit einer Herabwürdigung oder Minderbewertung der Frau zu tun; es sind allenfalls Ausnahmeerscheinungen, Freistellungen, aber keine kategorischen Abweisungen. Der jüdische Mann steht in der Öffentlichkeit, während die Frau Herrin des Hauses ist. "Die Ehre der Königstochter, und das ist jede jüdische Frau, ist nach innen, auf die Häuslichkeit gerichtet."[34] Sie übernimmt den Aufgabenbereich, für den der Mann nicht geschaffen ist, um wirklich "eine Hilfe, ihm zu entsprechen", d.h. ihn zu ergänzen (1. Mose 2,18), zu sein. Die Frau: die "andere Hälfte" des Mannes! Eine Frau der aufgeklärten Orthodoxie weiß sich zu emanzipieren bei gleichzeitiger Überzeugung, daß die religiösen Vorschriften eine Rücksichtnahme, keine Gängelung bedeuten. Die Frau gilt als schutzbedürftiges Wesen. Natürlich entspricht es nicht der Meßlatte westlich-aufgeklärten Denkens, daß das rabbinische Judentum keine Gleichberechtigung der Frau intendiert. Doch sollte der Aspekt der Pflichten- und Rollenteilung zwischen Mann und Frau nicht in Abrede gestellt werden. Das Judentum bewertet im übrigen die Privatsphäre höher als das Wirken in der Öffentlich-

34. Hans I. Grünewald: Die Lehre Israels. München, 1970, S. 33.

keit. Stilles, verborgenes Agieren wie Tora-Studium, Beten, Almosengeben, ja die gesamten Fest- und Sabbatbegehungen im Familienkreis, finden höchstes Lob - ebenso wie eine bescheidene, gottesfürchtige, sich guter Werke befleißigende Frau.
Auch bezüglich dieser dritten Talmudordnung ist noch einmal zu betonen, daß es hinter der Form und dem Buchstaben den Tiefensinn zu entdecken gilt. Ein Traktat kann nur rechtlich-gesetzliche Fragen und äußere Dinge klären helfen, aber sich nicht in die zwischenmenschlichen Beziehungen einmischen. Eine Ehe ist und bleibt letztlich Privatangelegenheit. Der hebräische Ausdruck dafür, "Heiligung", beweist ja, wie sehr man diesen Bund zweier Menschen von Heiligkeit umgeben weiß und daß Gott selbst es ist, der die Ehen stiftet, indem jedermann die Frau erhält, die er verdient. Ehe bedeutet so etwas wie Wiedergeburt: Zuerst wird man geboren, ohne selbst wählen zu können. Nun aber knüpft man willentlich die entscheidende Bindung seines weiteren Lebens. Heiraten ist - zumindest für den Mann (Tos Jeb VIII, 4) - Pflichtgebot und dies nicht bloß wegen des Fortpflanzungsauftrages (1. Mose 1,28) oder deswegen, weil die Frau die unkontrollierten Begierden des Mannes zu kanalisieren versteht (b Jeb 63a/b). Sondern die Mann-Frau-Einheit ("*ein* Fleisch") bedeutet den Zielpunkt der Reifung, die Vervollkommnung der Persönlichkeit, und die Anerkennung des Physischen, der Zuneigung zum anderen Geschlecht. Lieber zu zweien sitzen als verwitwet weilen (b Kid 7a)! Dieses Eheverständnis stellt das Korrektiv zu einer fast zwei Jahrtausende gepredigten christlichen Sicht dar, die Ehe als notwendiges Übel apostrophierte, sexuelle Begierden verdammte und Zölibat sowie Askese verherrlichte. Für die Rabbinen aber ist der eigentliche Sünder ein unverheirateter Mann, der seine Tage in unzüchtigen Gedanken verlebt. Wer nicht allein sein kann, soll zuerst eine Frau nehmen und danach Tora lernen (b Kid 29b). Nachdenklich sollte auch das Faktum stimmen, daß der am *Jom Kippur* amtierende Hohepriester, höchster religiöser Repräsentant des jüdischen Volkes, verheiratet sein mußte (M Joma I,1).

5.2 Übungsbeispiel: Disput über Aussteuer und Mitgift

Wir wenden uns einer Fragestellung des Tora-unabhängigen Traktates *Ketubbot* zu, der in chronologischem Aufriß die materiellen Ansprüche des Mädchens bei der Heirat (Kap. I-II), die materiellen Ansprüche des Vaters (u.a. bei Vergewaltigung seiner Tochter vor der Ehe) und dessen Rechte (Kap. III-IV,6) regelt, sodann von den Pflichten des Mannes gegenüber seiner Zukünftigen, von den Arbeitsleistungen der Frau in der Ehe, von der Verwaltung der Güter der Frau und von Scheidungsgründen handelt (Kap. IV,7-IX), schließlich auf die Erfüllung der *Ketubba*-Bestimmungen im Falle von Tod des Gatten (u.a. Witwen-Unterstützung) oder Scheidung (u. a. Versorgungspflicht für Stieftochter) eingeht (Kap. X-XII). Uns soll die Diskussion um die Aussteuer/Mitgift von (verwaisten) Töchtern interessieren. Soviel zum ersten Verstehen nachfolgenden Textes: Entsprechend seinen Mitteln oder seinem Rang muß der Brautvater seine Tochter mit einer *Aussteuer*, bestehend aus Bargeld, Kleidung, Hausgerätschaften, aber auch aus Grundeigentum oder Sklaven, versehen. Diese bleibt während der Ehe Besitz der Frau, doch hat ihr Mann das Nutznießungsrecht daran, weshalb man sie “Nießbrauchgüter” (eigentlich: “Rupf-/Melkgüter”) nennt. Denn der Mann trägt - etwa bei einer Fehlspekulation - für deren Minderung keinerlei Verantwortung. Folglich kann die Frau bei Auflösung der Ehe nur noch das mitnehmen, was da ist. Im Unterschied zu diesen Ausstattungsgütern, “die mit der Frau kommen und gehen”, stellt die ebenfalls vom Brautvater gezahlte *Mitgift* das eigentliche Heiratsgut dar, das während der Ehe in den Besitz des Mannes und damit hinsichtlich Mehrung wie Minderung in seine Verantwortung übergeht. Hierbei spricht man von “Gütern des eisernen Bestandes” (eigentlich: “Viehs”), denn der Betrag oder Wert der eingebrachten Mitgift wird in der Hochzeitsurkunde registriert und damit seine Auszahlung an die Frau bei eventueller Scheidung garantiert. Noch mehr: Der Gatte muß sich sogar in der *Ketubba* zur Erstattung eines Zuschlages - sozusagen der Zinsen - verpflichten. Beläuft sich beispielsweise die Mitgift auf 1000 Denar in bar, müßte er ihr am Ende 1500 Denar aushändigen (M Ket VI,3) - ganz abgesehen von den übrigen monetären *Ketubba*-Bestimmungen. Weil im Talmud nicht immer präzise zwischen Aussteuer und Mitgift unterschieden wird, kann man folgendermaßen verallgemeinern: Beide stammen aus dem Vaterhaus und gehören der Tochter, nur daß bei letztgenannter der Mann während der Ehe das volle Verfügungsrecht innehat, das er freilich "für den Wohlstand des Hauses" (b Ket 80b), nicht aber zu persönlicher Bereicherung ausüben sollte. Wie die Frau nichts von ihrer Aussteuer veräußern soll, weil der Mann das Nießbrauchrecht hat (b Ket 50a), so umgekehrt der Mann nichts von ihrer Mitgift, weil er sich damit letztlich selbst schädigen würde. Nur beim Tod der Frau würde ihm alles zufallen, bei seinem Tod hingegen alles der Frau wieder auszuhändigen sein. - Wie hoch beläuft sich überhaupt die Aussteuer/Mitgift?

M Ket VI,5f.: [I] Wer (d.h. der Vater, der) seine Tochter undefiniert (d.h. ohne Angaben der Höhe der Aussteuer) verheiratet, darf ihr nicht weniger als 50 *Zuz* geben.
... [II] Ebenso wer (d. h. der Vorsteher der Wohltätigkeitskasse, der) eine Waise verheiratet, darf ihr nicht weniger als 50 *Zuz* geben.
[III] Wenn in der (Armen-)Kasse noch (mehr Geld) ist, soll man sie mit einer standesgemäßen Aussteuer versehen.
[IV] Eine (minderjährige) Waise, die ihre Mutter oder ihre Brüder mit ihrem Einverständnis verheiratet und (dabei) ihr 100 oder 50 *Zuz* verschrieben haben, kann, wenn sie erwachsen ist, von ihnen fordern, was ihr gegeben zu werden gebührt.
[V] Rabbi Jehuda sagt: "Wenn er (d.h. der Vater) die erste Tochter (bereits) verheiratete, soll der zweiten (d.h. der Verwaisten) entsprechend wie der ersten gegeben werden."
[VI] Aber die Weisen sagen: "Es passiert, daß ein Mensch (früher) arm war und (jetzt) reich ist oder reich war und (jetzt) arm ist. Vielmehr schätzt man den Besitz (des verstorbenen Vaters) und gibt ihr (anteilig)."

[I-III] dürften von der Aussteuer, [IV-VI] von der Mitgift handeln,[35] obgleich zugegebenermaßen diese Differenzierung nicht

35. So jedenfalls Bill. 2 (s. o. Anm. 16), S. 384, Anm. 2; S. 386 h.

eindeutig ist. Hingegen steht der Usus fest: Die Mindestausstattung der Tochter beträgt 50 *Zuz*, was auch einer Waisen aus der Armenkasse der Gemeinde oder von seiten der Mutter bzw. der Brüder als Erben des väterlichen Besitzes zusteht. Bis heute existieren übrigens sogenannte *Hachnasat Kalla*-Verbände, die Spenden sammeln für "die Hereinbringung der Braut (ins Brautgemach)", was sogar Vorrang vor Tora-Studium hat (b Meg 3b). Zu den herausragenden Akten der Mildtätigkeit zählen gerade Erziehung und Verheiratung von Waisen (b Ket 50a). Wären in der Armenkasse keine 50 *Zuz* enthalten, müßte man selbst andere Kollekten zweckentfremden, oder die Gemeindevorsteher hätten in die eigene Tasche zu greifen. Natürlich gilt ein Mehr als jener Mindestsatz an Ausstattung als erstrebenswert - der Herkunft und dem Ansehen der Braut bzw. der gesellschaftlichen Gleichheit der Ehegatten angepaßt. Während der Ehe hat dann der Partner für die Einhaltung des Prinzips "Sie steigt mit ihm (karrieremäßig), aber sie sinkt nicht mit ihm" (b Ket 48a) Sorge zu tragen, d.h., er muß ihr fernerhin den ihrer Abkunft gemäßen Unterhalt und die ihr gewohnte Behandlung gewährleisten. Eine Waise kann jedoch erst bei Volljährigkeit (rabbinisch: ab zwölf Jahren und sechs Monaten) von Mutter oder Brüdern den ihr rechtlich zustehenden Anteil einfordern und braucht sich nicht mit einem Fixbetrag von selbst 100 *Zuz* zufriedenzugeben [IV]. Über die Bemessung jenes Pflichtanteils gehen die Ansichten auseinander: R. Jehuda verlangt, daß man sich dabei nach der Höhe der vom (verstorbenen) Vater der ersten Tochter vermachten Mitgift richtet [V]. Die Rabbinenmehrheit erteilt stattdessen die Weisung, nach dem noch vorhandenen väterlichen Vermögen die Mitgift auszubezahlen [VI]. Die *Gemara* diskutiert jene Gelehrtendiskrepanz eingehend und urteilt schließlich wie Rabbi Jehuda:

b Ket 68a: [I] Schemu'el sagte: "Bezüglich der Ausstattung (seiner Tochter) schätzt man den Vater (d.h. seine Gesinnung, ob zu Lebzeiten freigebig oder geizig)."
... [II] Wir haben (in der Mischna [VI]) gelernt: "Aber die Weisen sagen: ... (s.o.)" Was heißt "arm" und was heißt "reich"? Würde man sagen: "arm" heißt "arm an Besitz",

"reich" heißt "reich an Besitz", so müßte man schlußfolgern, daß der erste *Tanna* (Lehrer; gemeint ist R. Jehuda in [M V]) annimmt: Selbst wenn er (d.h. der Vater) reich war, aber arm geworden ist, habe man ihr so viel wie zuvor zu geben. (Doch hier ist einzuwenden:) Er besaß ja nichts mehr!

[III] Muß nicht vielmehr "arm" heißen: "arm an Gesinnung" (also: geizig) (und) "reich": "reich an Gesinnung" (großzügig)? Und doch wird statuiert (in [M VI]): "Man schätzt den Besitz (des Vaters) und gibt ihr (davon)." Folglich haben wir uns (doch) nicht nach Mutmaßung (der Gesinnung) zu richten, und Schemu'el ist widerlegt.

[IV] Schemu'el stimmt (aber) mit Rabbi Jehuda überein, denn wir haben (in der Mischna [V]) gelernt: "Rabbi Jehuda sagt: ... (s.o.)."

[V] Warum hat er (d.h. Schemu'el) (dann) nicht (einfach) gesagt: "Die *Halacha* ist nach Rabbi Jehuda"? - Wenn er gesagt hätte: "Die *Halacha* ist nach Rabbi Jehuda", würde man annehmen, daß dies (nur in dem Falle gilt), wenn er (d. h. der verstorbene Vater) schon eine Tochter verheiratet und somit seine Gesinnung kundgetan hat, aber nicht (in dem Fall), wenn er noch keine Tochter verheiratet hat. Daher lehrte er (Schemu'el) uns (durch sein Statement [G I], daß es R. Jehudas Erwägung ist, daß wir uns nach Mutmaßung (der Gesinnung des Vaters) zu richten haben, egal ob er schon (eine Tochter) verheiratet hat oder nicht. Der einzige Grund, weshalb er (R. Jehuda) (den Fall) lehrte, daß er (der Vater) sie (die erste Tochter) verheiratete, ist, die Vollmacht der *Rabbanan* kundzutun, (die behaupten,) daß selbst wenn der Vater bereits eine (Tochter) verheiratet und somit seine Gesinnung zu erkennen gegeben hat, wir uns trotzdem nicht nach Mutmaßung (der Gesinnung des Vaters) zu richten haben.

[VI] Raba sprach zu Rab Chisda: "Wir wollen in deinem Namen vortragen: Die *Halacha* ist nach R. Jehuda." - Er (R. Chisda) erwiderte ihm: "Möge es der Wille (Gottes) sein, daß ihr all solche schönen Dinge in meinem Namen vortragt!"

[VII] Hat aber Raba (überhaupt) so gesagt? Es wird ja gelehrt (in einer *Baraita*; b Ned 39b): Rabbi (Jehuda) sagt: "Eine

Tochter, die von ihren Brüdern ernährt wird, bekommt (als Mitgift) ein Zehntel des Besitzes (des verstorbenen Vaters)." Und Raba sagte: "*Die Halacha* ist nach Rabbi (Jehuda)"? - Das ist keine Schwierigkeit (d.h. kein Widerspruch). Denn das eine (meint den Fall), wo wir ihn (den Vater) (hinsichtlich seiner Gesinnung) geschätzt haben, das andere (meint den Fall), wo wir ihn nicht geschätzt haben (wo demnach seine Gesinnung - ob spendabel oder nicht - unbekannt geblieben ist).
[VIII] Diese Erklärung läßt sich stützen durch das, was Rab Ada bar Ahaba sagte: "Es geschah einmal, daß Rabbi (Jehuda) ihr (d. h. der zu verheiratenden Waise) ein Zwölftel vom Besitz (des Vaters) zusprach." Die (beiden) Bestimmungen (R. Jehudas in [VII] und hier) würden ja einander widersprechen. Folglich bezieht sich die eine (der Ein-Zwölftel-Entscheid) darauf, daß wir ihn (seine Gesinnung) geschätzt haben, die andere (der Ein-Zehntel-Entscheid) darauf, daß wir ihn nicht geschätzt haben. (Das ist ein überzeugender Beweis).

Rekapitulieren wir zum Verständnis dieser im Original nur 13 Zeilen umfassenden Amoräer-Debatte noch einmal den Tanna'iten-Disput in [M V] und [M VI]: Die Weisen halten - entgegen R. Jehuda - die Ausstattung der zweiten Tochter nach Maßgabe der ersten nicht für angebracht, denn die Besitzstandsverhältnisse des Vaters könnten sich inzwischen zum Schlechteren (oder auch zum Besseren) verändert haben, weshalb die Rabbinen für eine anteilige Mitgift nach aktueller Vermögensabschätzung (des väterlichen Erbes) plädieren. Die *Gemara*-Diskussion läuft jedoch auf die Anerkennung der Einzelmeinung Rabbi Jehudas, letztlich aber auch auf ihre Harmonisierung mit der der Mischna-Gelehrten hinaus. (Mar) Schemu'el, nach unsicheren Angaben Schüler R. Jehudas (Ende des 2. Jhdt.s), in der ersten Hälfte des 3. Jhdt.s Leiter einer rabbinischen Schule im babylonischen Nehardea, soll laut [IV.V] mit R. Jehuda darin übereinstimmen, daß "arm" bzw. "reich" im übertragenen Sinne die Eng-/Weitherzigkeit des Vaters meint [I]. Denn es wäre unbillig, von einem materiell Verarmten eine prächtige Ausstattung seiner Tochter zu verlangen [II]. Damit steht jedoch auch

Schemu'el in Opposition zu den Weisen, die deutlich von der Schätzung des väterlichen Besitzes, also von den Finanzen und nicht von der Gesinnung, sprechen [III und V Ende].
Der von R. Jehuda angeführte Fall von zwei zu verheiratenden Töchtern wird nur als *ein* Beispiel dafür gewertet, wie man die Gesinnung des Vaters erschließen und damit die Höhe der Mit-gift bei der Verehelichung der (zweiten) Tochter schätzen kann. Schemu'el verallgemeinert im Gefolge Jehudas: Überall, wo man die Gesinnung des Vaters beurteilen kann, ist sie Bemessungsgrundlage für Aussteuer-/Mitgifthöhe [I. V]. Auch Raba, Lehrer in Machoza/Babylonien, gestorben Mitte des 4. Jhdt.s, schließt sich im Namen Rab Chisdas (Lehrer in Sura/Bab., gestorben Anfang des 4. Jhdt.s) der Rabbi Jehuda- und Schemu'el-Sicht an [VI]. Eine in anderem Zusammenhang gemachte Äußerung Jehudas, daß eine Waise ein Zehntel des väterlichen Besitzes zu erhalten habe, wird dahingehend interpretiert, daß dieser Prozentsatz einer Tochter zustehe, bei deren Vater die freigebige oder geizige Gesinnung eben *nicht* bekannt sei [VII]. Abschließend wird diese Ausdeutung durch ein konkretes Fallbeispiel illustriert: Rab Ada (Sura, 3. Jhdt.) weiß zu berichten, daß R. Jehuda einmal einem Waisenmädchen nur ein Zwölftel - statt ein Zehntel - der väterlichen Hinterlassenschaft überließ [VIII]. Folglich kannte offenbar Jehuda den Vater und dessen Sparsamkeit oder Knauserei. Ansonsten hätte Rabbi ihr gegenüber ja wohl das fixe Zehntel in Anwendung gebracht.
Fazit: Wir erkennen, wie diesmal die Meinung des Mischna-Redaktors Rabbi Jehuda [M V] Akzeptanz findet, und zwar in der zugegeben hintersinnigen Auslegung Schemu'els, und wie sie in lückenloser Tradenten- und Generationenkette gegen anonyme Einwände verteidigt wird. Die Mischna-Weisenmajorität [M VI] wird deswegen nicht disqualifiziert, denn ihre Ansicht entspricht letztlich der Jehudas in dem Falle, wo die Gesinnung des (verstorbenen) Vaters nicht eruierbar ist und man daher von der geschätzten Hinterlassenschaft ein Zehntel für die Mitgift bereitstellen muß. Wir sollten nicht übersehen, daß jener vermögens- und erbrechtliche Streit durch seinen Appell an die väterliche, weitherzige Gesinnung eine ethische Dimension bekommt. Ein (verwaistes) Mädchen genießt nicht nur Rechtsschutz, sondern

darf sogar Ansprüche geltend machen und auf großzügiges Entgegenkommen bauen.

5.3 Aufgabe: Scheidung "wegen Unzucht" und "etwas Schändlichem"

In einer Fluchthöhle im Wadi Murabba'at am Toten Meer fand man unter anderem einen für eine gewisse Mirjam, wohnhaft auf der von den Römern belagerten Bergfestung Masada, im Jahre 72 n. Chr. ausgestellten Scheidebrief: "Du wirst hiermit befähigt, zu gehen und die Frau irgendeines (anderen) jüdischen Mannes, den du magst, zu werden", schreibt ihr früherer Gatte Jehosef in dieser Papyrus-Urkunde.[36] Offenbar hat Mirjam noch die umzingelte, ein Jahr später gefallene Festung verlassen können, fand aber dann ihr Ende in erwähntem Wadi.

Wie die Eheschließung mit Ausstellung der *Ketubba* ist auch die Trennung der Ehe durch Abfassung eines *Get* kein religiöser Akt. Wie die Ehe durch Willensbekundung beider Partner geschlossen wird, so läßt sie sich auch nur durch einen gemeinsamen Willensakt wieder lösen. Ein Rabbinatsgericht kann heute allenfalls Vermittlungsvorschläge unterbreiten, doch eine Scheidung nicht verhindern. Seit biblischen Tagen scheidet ("entläßt", "vertreibt") der Mann die Frau und verfertigt den *Get*, ohne den eine Frau sich nicht erneut verheiraten könnte - nicht umgekehrt! In dem Moment, wo der *Get* in die Hand der Frau (mittels Übergabe durch den Mann oder eines von ihm Beauftragten) gelangt, gilt die Ehe als geschieden. "Das Wesentliche eines *Get* ist (die Formel): 'Siehe, du bist jedermann erlaubt.'" (M Git IX,3) Der Traktat *Gittin*, "Scheidebriefe", widmet sich ausschließlich den Fragen der rechtsgültigen Ausstellung und exakten Formulierung (mit Datum, Ort, genauer Nennung der Namen von Mann und Frau, der Unterschrift des Mannes und zweier männlicher Zeugen; welches Schreibmaterial erlaubt und wer zum Schreiben befugt ist) sowie der korrekten Überbringung des *Get* (beispielsweise aus dem

36. Vollständiger Text in: Inscriptions Reveal. Documents from the Time of the Bible, the Mishna and the Talmud. Israel Museum Jerusalem, 1972 (Cat. No. 100), S. 90f.

Ausland; Zuwerfen bzw. Rücknahme des Scheidebriefes). Neben der Freigabe der Frau und der Befähigung beider Partner zum Eingehen einer neuen Ehe treten dann auch die vermögensrechtlichen Folgen der Trennung (Erstattung der *Ketubba*-Summe, Rückgabe der Aussteuer/Mitgift) in Kraft. Eine weitergehende finanzielle Unterstützung der Frau durch den Mann ist dadurch ausgeschlossen. Übrigens hat das (liberale) Reformjudentum die Scheidebrief-Institution abgeschafft und erkennt allein die Zivilscheidung als verbindlich an.

Sie sollen sich jetzt mit Scheidungsmöglichkeiten befassen. Gibt es triftige Gründe, die geradezu die Entlassung der Frau zwingend erforderlich machen? Nach M Ket VII,6 (b Ket 72a/b) braucht ein Mann nicht einmal die *Ketubba* auszubezahlen, wenn seine Gattin "gegen die Religion Moses und die jüdische Sitte" verstößt, etwa wenn sie ihm Nicht-Verzehntetes zu essen gibt (s.o. Kap. 3.1), als Menstruierende den Geschlechtsverkehr mit ihm pflegt, mit entblößtem Haupt auf die Straße geht oder seine Eltern schmäht. Andere Scheidungsgründe für den Mann sind Unfruchtbarkeit der Frau (M Jeb VI,6; b Jeb 64a), fehlende Jungfräulichkeit, Leibesfehler bis hin zu Mund- oder Schweißgeruch (M Ket VII,7f.), Rufschädigung oder Ungehorsam gegenüber dem Mann. Auch eine Frau kann einen *Get* erzwingen, etwa wenn ihr Mann eine ekelerregende Krankheit (Nasenpolyp) oder Beschäftigung (Gerber, Hundekotsammler) hat (M Ket VII,10). Selbst bei Umzug in eine schlechtere Wohnung oder weg vom Land Israel kann die Frau auf Auszahlung der *Ketubba* bestehen (M Ket XIII, 10.11). - Lesen Sie nun ferner den Schluß des Traktates *Gittin:*

> *M Git IX,10:* [I] Die Schammai-Schule sagt: "Nicht darf ein Mann seine Frau entlassen (wörtlich: "vertreiben"), außer wenn er an ihr eine Sache von Schandbarem (d.h. etwas Schändliches) gefunden hat, denn es heißt (5. Mose 24,1): *weil er an ihr eine Schande von Sache* (also ebenfalls: "etwas Schändliches") *gefunden hat.*"
> [II] Aber die Hillel-Schule sagt: "Selbst wenn sie seine Speise anbrennen ließ, (darf er sie entlassen,) denn es heißt: *weil er an ihr eine Schande von Sache gefunden hat.*"

[III] Rabbi Akiba sagt: "Selbst wenn er eine andere gefunden hat, die schöner ist als sie, denn es heißt: *und es geschieht, wenn sie keine Gunst in seinen Augen findet*."

b Git 90a/b: ... [I] Es sprach Rab Papa zu Raba: "Was ist, wenn er (der Mann) an ihr (der Frau) weder Schandbares noch (sonst) eine Sache gefunden hat (und sie dennoch entläßt)?" - Jener erwiderte: "Da der Barmherzige (Gott) (nur) bezüglich (des Falles) einer Vergewaltigten statuierte (5. Mose 22,29): *Er darf sie nicht wegschicken alle seine Tage* (d. h. solange er lebt) - alle seine Tage ist er verpflichtet, sie (nach Entlassung) wie-der aufzunehmen! -, so gilt dies (nur) von dieser, von der der Barmherzige es statuierte. Aber hier (in unserem Fall gilt): Was er (der Mann) getan hat, das hat er getan!"

[II] Es sprach Rab Mescharscheja zu Raba: "Wenn (ein Mann) sein Herz (darauf richtet), sie (d.h. seine Frau) zu entlassen, während sie (weiterhin) bei ihm wohnt und ihn bedient - was dann?" - (Jener erwiderte:) "Man liest über ihn (jenen Mann) (Sprüche 3,29): *Bereite deinem Nächsten nichts Böses, während er vertrauensvoll bei dir weilt*!"

[III] (Rabbi Me'ir über eine Frau, die sich mit aufgelöstem Haar, an den Armen entblößt zeigt und in aller Öffentlichkeit badet:) Sie zu entlassen ist eine *Mizwa* aus der Tora, denn es heißt (5. Mose 24,1f.): *weil er an ihr Schändliches gefunden hat* usw. *und er schickte sie aus seinem Haus, und sie ging und wurde eines anderen Mannes (Frau)*. Die Schrift bezeichnet ihn: einen anderen, das heißt, er (der zweite Mann) ist nicht mit dem ersten zu vergleichen. Jener (erste) entfernte die Schlechtigkeit aus seinem Haus, aber dieser (zweite) ließ die Schlechtigkeit in sein Haus hinein. Verdient es der zweite, so schickt (auch) er sie weg, denn es heißt (5. Mose 24,3): *und es haßt sie der andere Mann*. Aber falls nicht, (dann) begräbt sie ihn, denn es heißt (weiter): *oder wenn der andere Mann stirbt* ....

[IV] *Denn er* (Gott) *haßt Wegschicken* (Maleachi 2,16). R. Jehuda sagt: "Wenn du sie hassest: (dann sollst du sie) wegschicken!" R. Jochanan sagt: "Verhaßt ist (doch der), der (sie) wegschickt!" Aber beide streiten nicht darüber. Einer (meint) die erste Ehe, einer (meint) die zweite Ehe. Denn R. El'azar sagte: “Wer seine erste Frau entläßt - sogar der Altar (d. h. Gott selbst) vergießt über ihn Tränen, denn es heißt (Maleachi 2,13f.): *Zweitens tut ihr folgendes* ... (vollständiges Zitat).”

a) 5. Mose 24,1-4 bildet die Tora-Grundlage für das gesamte jüdische Ehescheidungsrecht. Worauf liegt bei diesem Text eigentlich der Akzent?
b) Erläutern Sie die drei in obiger Mischna vertretenen Positionen sowie die in [G III] von R. Me'ir unterbreitete! Wie wird jeweils jene Tora-Basis ausgelegt?
c) Beurteilen Sie den zweifachen Rat Rabas in [G I.II]!
d) Wie ist es um die rabbinische Kommentierung von Maleachi 2,13f.16 in [G IV] bestellt?
e) Welcher rabbinischen Sicht kommt Jesu Auslegung in Matthäus 5,31 f. am nächsten?
f) Was ist das Neue/Besondere seiner Scheidungsregelung? Ist sie praktikabel?

Kapitel 6: Talmudordnung IV - "Schädigungen"

6.1 Vorbemerkung: Rabbinische Strafprozeß- und Hinrichtungsmodalitäten

Der *Seder Nezikin,* "Delikte", "Schädigungen", mit zehn Traktaten läßt sich thematisch auf doppelte Weise in zwei Teile gliedern:

- Das Gros der Diskussion betrifft die Entfaltung des Zivilrechtes ("Geldangelegenheiten") abgesehen vom schon in Ordnung III behandelten Eherecht. Vor allem die drei *Babot,* "Pforten (des Zivilrechtes)", die einst einen einzigen Traktat und mit insgesamt 414 Folio(Doppel)blättern umfangmäßig das Herzstück des Talmuds bildeten, sind der Schadenshaftung, dem Mobilien- und Immobilienrecht gewidmet. Da irgendwann jeder Mensch mit Fragen des Schadensersatzes, Schmerzensgeldes, Fund-, Arbeits-, Miet- oder Erbrechtes konfrontiert ist, erfreuen sich jene *Halachot* großer Beliebtheit. "Wer weise werden will, soll sich mit dem Zivilrecht befassen, denn für dich gibt es kein Gebiet in der (gesamten) Tora, das umfassender als dieses wäre. Es gleicht einer sprudelnden Quelle!" (M BB X,8) Damit dieser Kodex breite öffentliche Zustimmung erfährt, berücksichtigen die Rabbinen stärker als bei anderen Themen Landessitten und regionale Bräuche; viele Anordnungen fußen daher nicht auf der Tora oder müssen aufgrund veränderter Zeitläufte korrigiert, flexibler gestaltet werden. Einen fast ebenso voluminösen Komplex stellt das Strafrecht, die Kapitalgerichtsbarkeit dar, abgehandelt in dem Doppeltraktat *Sanhedrin-Makkot* (s.u.).
- Einerseits begegnen uns Regeln für die Ordnung und Erhaltung einer stabilen bürgerlichen Gesellschaft - ein auf Ausgleich und Wahrung des Status quo bedachtes System, bei dem sich keiner bereichern, aber auch nicht benachteiligt fühlen soll. Hinsichtlich dieses alltäglichen "Verkehrs" wird auch den wirtschaftlichen und religiösen Beziehungen zu Nichtjuden Rechnung getragen

(Traktat *Aboda Zara*, “Götzendienst”). Andererseits lernen wir die Institutionen kennen, die jenes gesellschaftliche Funktionieren überwachen. Es werden uns Satzungen von Verwaltungs- und Gerichtsinstanzen vorgestellt, Verfahrensabläufe und der Strafvollzug geschildert.

Weil der Talmud keine strikte Unterscheidung von Zivil- und Strafrecht kennt, konzentrieren wir uns auf die erwähnten, ursprünglich zusammengehörenden Traktate *Sanhedrin*, “Hoher Rat”, und *Makkot*, “Schläge”, die zivil- wie strafprozeßrechtliche Belange erörtern und gewisse Einblicke in das Verfahrensrecht in Jesu Tagen ermöglichen. In seinem Urbestand führt dieses Agendenbuch für richterliche Entscheidungen sicher in das 1. Jhdt. n. Chr. zurück:

- Kap. I-II handeln von den Zuständigkeiten der verschiedenen Gerichte (Drei-Richter-Kollegium, kleiner und großer *Sanhedrin*, siehe 6.3);
- Kap. III-VI skizzieren detailliert den unterschiedlichen Ablauf von Zivil- und Strafprozessen bis hin zur Vollstreckung des Todesurteils durch den kleinen *Sanhedrin*;
- Kap. VII-XI machen mit den vier gerichtlichen Hinrichtungsarten (Steinigung, Verbrennung, Enthauptung, Erdrosselung) vertraut (“Verbrecherkataloge”).
- Die drei *Makkot*-Kap. beinhalten Bestimmungen über der Falschaussage überführte Zeugen (siehe 6.2), über die Strafe der Verbannung in eine Asylstadt für Totschläger und über die Prügel-/Geißelstrafe (39 Schläge) für Widerspenstigkeit gegen ein “Du sollst nicht”-Verbot der Tora oder gegen ein Urteil des Gerichtshofes.

Diese Angaben mögen für uns recht grausam klingen, doch für die damalige Zeit war dieses pharisäisch-rabbinische Strafrecht humanitär. Gegenüber den Sadduzäern, die strikt nach dem “harten” Buchstaben der Tora vorgingen, galten die Pharisäer als “von Natur mild im Bestrafen” (Josephus, *Ant.*, XIII,10,6), weshalb bei ihnen jeder Prozeß möglichst auf Umgehung der Todesstrafe hinauslief oder sie - falls unvermeidbar - auf eine schnelle, weniger Qualen verursachende Hinrichtungsart drängten. Während z. B. zunächst die Steinigungsstrafe in einer Vielzahl von Steinwürfen auf den Delinquenten bestand (Johannes 8,7), ist laut M Sanh VI,4

dessen rasche Tötung in einer Grube mittels *eines* schweren auf sein Herz gestürzten Blockes vorgeschrieben. Zudem hat die pharisäische Richtung im Falle einer Ehebrecherin (und ihres Verführers) nicht für Steinigung, sondern für das "humanere" Erdrosseln plädiert (M Sanh XI,1). Im Gegensatz zur Steinigung (5. Mose 17,7) ist freilich diese Todesart nur rabbinisch aus der Tora herzuleiten: Wo bloß "töten" ohne weitere Angabe steht (z. B. 5. Mose 22,22), wählen die Rabbinen eine bewußt leichtere Strafart (p Sanh VII,1,24b).
Treffend heißt es: "Ein *Sanhedrin* (d. h. ein Gericht), der eine Hinrichtung in sieben Jahren vollzieht, wird ein zerstörerischer genannt (weil er leichtsinnig mit Menschenleben umgeht). Rabbi Eli'ezer ben Azarja sagt: '(Das gilt schon) bei einer in 70 Jahren.' Rabbi Tarfon und Rabbi Akiba sagen: 'Wären wir (Mitglieder) im *Sanhedrin* gewesen, wäre überhaupt nie jemand hingerichtet worden.' Rabban Schim'on ben Gamli'el (hingegen) sagt: 'Sie (Tarfon und Akiba) würden jedoch die (Zahl der) Blutvergießer (Mörder) in Israel vermehrt haben'" (M Mak I,10). Denn die Kehrseite eines zu weitherzigen Verfahrens wäre die Zunahme von Gewalt. Darüber hinaus muß man natürlich den rein theoretischen Aspekt jener Erörterungen sehen, da bereits während der Regierungszeit Königs Herodes (37 - 4 v. Chr.), erst recht aber seit der Verwaltung Judäas durch römische Statthalter ab 6 n.Chr. dem *Sanhedrin* die Kapitalgerichtsbarkeit entzogen worden war, weshalb die vom Prokurator Pilatus gegen Jesus verhängte Kreuzigung eben eine römische, keine jüdische Hinrichtungsart gewesen ist. "Es ist uns nicht erlaubt, jemanden zu töten", so die Juden zu Pilatus (Johannes 18,31). "40 Jahre vor der Zerstörung des Tempels wurde die Kriminalgerichtsbarkeit den Israeliten abgenommen" (p Sanh I,1,18a). Seitdem ist zwar das Gesetz von den vier Todesstrafen nicht aufgehoben worden (b Sanh 37b), aber seine Durchführung ist "eine *Halacha* für die Zeit des Messias" (b Sanh 51b), wie moderne Darstellungen der *Mizwot* betonen. Wer z.B. zu *Pesach* Gesäuertes ißt, "*sollte* wegen Ungehorsams mit Geißelhieben bestraft werden"[37].

37. The Chafetz Chayim (s. o. Anm. 22), S. 103.

Leitendes Prinzip des präzisen rabbinischen Prozeßkonzeptes ist die Suche nach der absoluten Wahrheit. "Und du sollst suchen und erforschen und fragen" (5. Mose 13,15). Selbst bei erdrückender Faktenlage wird kein Indizienbeweis akzeptiert. Sieht man etwa, wie jemand einen anderen zu einem einsamen Platz verfolgt und danach den einen mit einem blutbefleckten Schwert neben dem Ermordeten stehen, ist dies kein eindeutiger Schuldbeweis (b Sanh 37b). Es gilt vielmehr die wahren Absichten des Angeklagten zu erhellen: Beging er die Tat nicht vorsätzlich, darf er nicht hingerichtet werden. Er muß des weiteren vor der Tat verwarnt und auf die Strafe hingewiesen worden sein: "Siehe, warum tun sie am Sabbat, was nicht erlaubt ist?" (Markus 2,24). Die Tat des Mörders muß auch die direkte Todesursache sein: Fessele ich jemanden im Wald an einen Baum und er verhungert, so ist keine Bestrafung möglich, weil das Anbinden als solches nicht zum Tode führt und eine Rettungsmöglichkeit gegeben ist (b Sanh 77a). Ferner muß nachweisbar sein, daß der Tod des Opfers tatsächlich durch einen zum Töten geeigneten Gegenstand erfolgte und nicht aufgrund einer anderen Verletzung oder Krankheit (b Mak 7a). Das gesamte Beweisverfahren muß zugunsten des Angeklagten strukturiert sein. D. h., sowohl Richter wie Zeugen müssen eine nachweislich unparteiische, unbeeinflußbare Haltung ihm gegenüber einnehmen und integere Personen sein. Als Zeugen sind nur freie, männliche, erwachsene, gesunde und gebildete Juden, also keine Frauen, Sklaven, Taubstumme, Zöllner, Spielernaturen, aber auch keine Verwandten, Freunde oder Feinde des Angeklagten zulässig (M Sanh III, 3-5; b Sanh 25b), denn letztlich fungieren sie als Ankläger. Immer hat die Anhörung mit Entlastungspunkten zu beginnen. Mindestens zwei Zeugen, die eine Zeugeneinheit bilden, müssen dann nüchtern den Tathergang beschreiben, wobei sie das Geschehen in Gänze zur selben Zeit und möglichst vom selben Standort aus mit eigenen Augen gesehen haben sollten. Unzulässig sind Berufung auf Hörensagen oder Unterbreitung von Mordtheorien. Die einzeln vernommenen Zeugen werden ausdrücklich unter Verweis auf die möglichen Folgen ihres Tuns vermahnt, denn im Falle einer Verurteilung des Angeklagten müßten sie bei einer Steinigung selbst den tödlichen Stein werfen (5. Mose 13,10; 17,7). Nur eine Mehrheit von mindestens zwei Richterstimmen führt zum Schuldspruch, während die einfache Mehrheit zum Freispruch reicht (M Sanh IV,1). Einstimmiges Todesurteil bedeutet Straffreiheit (b Sanh 17a). Wäre dann überhaupt je eine Verurteilung möglich? Man muß dabei berücksichtigen, daß zum einen damals Könige oder Statthalter nicht an diese zurückhaltenden Prinzipien gebunden waren und zwecks Aufrechterhaltung der öffentlichen Ordnung ihre eigenen Gerichte einschalten konnten. Entsprechend vermag im heutigen Israel ein Rabbinatsgericht nur über religiöse Fragen und Personenstandsangelegenheiten (Ehe-, Unterhalts-, Vormundschaftsfragen etc.), nicht aber über strafrechtliche Delikte, die staatlichen Gerichten vorbehalten bleiben, zu entscheiden. Zum anderen läßt rabbinisches Strafrecht die sog. *Hora'at Scha'a*-Möglichkeit zu, wörtlich: "eine Entscheidung für die (spezifische) Stunde/Situation" zu fällen. Hierbei steht das öffentliche oder nationale Interesse über dem für den Beschuldigten. Die "Stunde" macht es einfach erforderlich, ein Exempel zu statuieren, auch wenn dies nicht Tora-konform ist. So kann man "kurzen Prozeß" mit einem provokativen Sabbat-Brecher machen (b Sanh 46a), um "das Böse aus deiner Mitte herauszureißen" (5. Mose 13,6; 17,7.12 u.a.), und errichtet durch dieses warnende Beispiel gerade einen Zaun um die Gebote der Tora. Es spricht manches dafür, im von eklatanten Verfahrensfehlern begleiteten Prozeß Jesu vor dem Jerusalemer *Sanhedrin* - wenn nicht gänzlich historisch unmöglich[38] oder nach strengem sadduzäischem Kodex geführt[39] - eine solche Schnellverhandlung zu sehen.[40] Jesu vermeintlich volks- und staatsgefährdende Umtriebe lassen es ratsam erscheinen, "daß einer für das Volk sterbe, als daß das ganze Volk verderbe" (Johannes 11,50). Land- und Religionsfrieden stehen auf dem Spiel! Zuletzt bleibt noch anzumerken, daß ein rabbinisches Gericht auch jemanden, von dessen Schuld es überzeugt ist, wo aber die Beweislage nicht für das Todesurteil

38. Weddig Fricke: Standrechtlich gekreuzigt. Person und Prozeß des Jesus aus Galiläa. Buchschlag b. Frankfurt a. M. ^{2}1987.

39. Josef Blinzler: Der Prozess Jesu. Regensburg, ^{3}1960.

40. August Strobel: Die Stunde der Wahrheit. Untersuchungen zum Strafverfahren gegen Jesus. WUNT. 21. Tübingen, 1980.

ausreicht, lebenslänglich inhaftieren kann (M Sanh IX,5; b Sanh 81b). Im übrigen glaubt man, daß ein unentdeckt gebliebener Täter oder ein irrtümlich Freigesprochener von Gott selbst durch Lebensverkürzung abgeurteilt werden wird. "Wenn man mit fünfzig Jahren stirbt, so ist das der Tod der Ausrottung (durch den Himmel)" (b MK 28a).

6.2 Übungsbeispiel: Der Prozeß Jesu - Was tun mit überführten Falschzeugen?

Wir wollen auf dem Hintergrund des Verhöres Jesu durch den Hohen Rat den generell prozeßbeeinflussenden Fall von und Umgang mit Falschzeugen erörtern. Wer die Episode Matthäus 26, 57-66 // Markus 54,53-64 liest, muß zu den rabbinisch an sich unmöglichen Verhörmethoden (nachts, am *Pesach*fest, im Privathaus des Hohenpriesters, Vorverurteilung, Akzeptieren des "Geständnisses" des Angeklagten, einstimmiges Urteil per Akklamation, keine Einzelabstimmung, in derselben Nacht gefällt) vor allem das Auftreten falscher Zeugen - ganz abgesehen von fehlenden Entlastungszeugen - hinzurechnen. Die Pointe dabei ist, daß jene wissentlich Falschaussagen machenden Personen sich trotzdem in Widersprüche verwickeln und von daher ihre Aussagen korrekterweise (!) vom Vorsitzenden (Hohenpriester) nicht akzeptiert werden (Markus 14,56.59). Denn falls die mindestens erforderlichen zwei Zeugenaussagen (4. Mose 35,30; 5. Mose 17,6) nicht identisch sind, gilt beider Zeugnis nicht; die eine Aussage straft die andere Lügen (M Sanh V,2). Es müssen dann gegebenenfalls zwei neue Zeugen aufgeboten werden (Matthäus 26,60f.).

Falsches Zeugnis reden ist nicht nur verboten (2. Mose 20,16; 23,1), sondern steht auch unter Strafe. Nur gehen nach rabbinischem Recht (lügnerische) Zeugen solange straffrei aus, als sie ihre (Falsch-)Aussage über den Angeklagten machen - sie könnten sich ja geirrt haben. Bestraft werden sie erst dann, wenn andere (Zeugen) ihr Alibi erschüttern. Dadurch erweist sich, daß sie über sich selbst ein falsches Zeugnis ausstellten, weil sie zur angegebenen Zeit gar nicht am angegebenen Ort gewesen sein konnten; Irrtum ist hierbei ausgeschlossen (M Mak I,4). Das falsche Zeugenpaar erhält nach dem Talionsprinzip die Strafe, die dem zu Unrecht Beschuldigten drohte (5. Mose 19,16-21). - Nun zum Text:

M Mak I,6: [I] Nicht werden Falschzeugen (eines Strafprozesses) hingerichtet, solange nicht (auf ihre Falschaussage hin) das Urteil (gegen den Angeklagten) gefällt wurde. Doch siehe, die Sadduzäer sagen: "solange er (der Angeklagte) nicht hingerichtet wurde, denn es heißt (5. Mose 19,21): *Leben um Leben.*"
[II] Die Weisen antworteten ihnen: "Und heißt es nicht auch (5. Mose 19,19): *Und ihr sollt mit ihm (dem Zeugen) so verfahren, wie er trachtete, mit seinem Bruder zu verfahren*? Das meint doch: Sein Bruder ist noch am Leben!" - "Wenn dem so ist, warum heißt es dann: *Leben um Leben*?"
[III] "(Weil) man (annehmen) könnte: Von der Stunde an, in der sie (die Richter) ihr (Falsch-)Zeugnis empfingen (hörten), sollten sie (schon) hingerichtet werden. Der Bibeltext sagt: *Leben um Leben.* So werden sie nicht hingerichtet, solange nicht das Urteil (gegen den Angeklagten) gefällt wurde."
b Mak 5b: [I] Es wird gelehrt: Beribi sagt: "Haben sie (d. h. die Falschzeugen) nicht getötet (d.h. die Hinrichtung des Angeklagten noch nicht vollzogen), werden sie hingerichtet. Haben sie (aber schon) getötet, werden sie nicht hingerichtet."
[II] Sein Vater sagte: "Mein Sohn, ist nicht mittels *Kal wa-Chomer* (eher umgekehrt) zu schlußfolgern?"
[III] Er antwortete ihm: "Unser Herr *(Rabbenu)*, du hast uns gelehrt, daß man nicht aufgrund logischer Folgerungen bestrafen darf."
[IV] Es wird (nämlich) gelehrt (basierend auf 3. Mose 20,17): *Wenn jemand seine Schwester, die Tochter seines Vaters oder die Tochter seiner Mutter, nimmt (in blutschänderischer Absicht)* ... Ich weiß (daß hierauf die Ausrottungsstrafe steht) nur bezüglich der Tochter seines Vaters, die nicht die Tochter seiner Mutter ist, und bezüglich der Tochter seiner Mutter, die nicht die Tochter seines Vaters ist. Woher (aber wissen wir dies) bezüglich der Tochter seiner Mutter und Vaters? Der(selbe) Bibelvers sagt (ferner): *Er hat die Scham (Nacktheit) seiner*

Schwester entblößt. Wenn sie (d.h. die Tora dies nämlich) nicht sagen würde, könnte ich logisch folgern: Wenn einer (mit Ausrottung) bestraft wird wegen (des verbotenen Umgangs mit) der Tochter seines Vaters, die nicht die Tochter seiner Mutter ist, und mit der Tochter seiner Mutter, die nicht die Tochter seines Vaters ist, um wieviel mehr erst wegen der Tochter seines Vaters und seiner Mutter! Daraus (daß die Tora auch betont: *seine Schwester*) lernst du, daß man nicht aufgrund logischer Folgerungen bestrafen darf. ...
[V] Es wird gelehrt: Rabbi Jehuda ben Tabai sagte: "Ich will (keinen) Trost sehen, (wenn es nicht stimmt), daß ich einen Falschzeugen (nur deshalb) hinrichten ließ, um der Meinung der Sadduzäer entgegenzutreten, die sagen: 'Nicht werden Falschzeugen hingerichtet, solange er (d. h. der Angeklagte) nicht hingerichtet wurde.'"
[VI] Schim'on ben Schatach erwiderte ihm: "Ich will (keinen) Trost sehen, (wenn es nicht stimmt), daß du unschuldiges Blut vergossen hast! Denn siehe, die Weisen sagten: 'Falschzeugen werden solange nicht hingerichtet, bis beider Falschzeugnis erwiesen ist. Und sie werden solange nicht gegeißelt, bis beider Falschzeugnis erwiesen ist.'"
[VII] Von da an nahm R. Jehuda ben Tabai es auf sich, keine Lehrentscheidung mehr außer in Anwesenheit von Schim'on ben Schatach zu treffen. Und für den Rest seines Lebens pflegte R. Jehuda ben Tabai sich auf das Grab jenes (hingerichteten) Zeugen niederzuwerfen. Und seine Stimme (sein Klagen) wurde (überall) gehört. Und als das Volk meinte: "Dies ist die Stimme des Hingerichteten", sagte er (R. Jehuda): "Dies ist meine eigene Stimme. Ihr werdet morgen (bald) erkennen, daß, wenn ihr jene Stimme nicht mehr hört, ich tot bin."

Die Mischna spiegelt eine Kontroverse zwischen Pharisäern und Sadduzäern vor dem Jahr 70 n.Chr. wider. Die Sadduzäer-"Partei", der die wohlhabende Klasse des Landes und die Priester angehören ("Priesteraristokratie"), gibt sich religiös konservativ, versucht die Mose-Tora ohne jede Aktualisierung oder Anpassung an aktuelle Gegebenheiten zu leben und lehnt daher den göttlichen Ursprung der mündlichen pharisäischen Tora ab. Im *Sanhedrin* ist sie gegenüber den Schriftgelehrten durch den vorsitzenden Hohenpriester, durch Priesteradel und Patrizier ("Älteste"; s. Markus 14,53) mehrheitlich vertreten. In [M I] plädiert sie für die logischere Auffassung, daß überführte Falschzeugen erst *nach* erfolgter Hinrichtung des fälschlich Verurteilten dieselbe Strafe erleiden sollen: "Leben um Leben"! Ihrem Prinzip, die Todesstrafe tunlichst zu umgehen, bleiben dagegen die (pharisäischen) Weisen treu, indem sie das Tora-Wort 5. Mose 19,19 recht "milde" ausdeuten. Da dort nur vom Planen ("Trachten"), den beschuldigten Bruder zu töten, gesprochen wird, dieser also offenbar nicht hingerichtet wurde, folgern die Gelehrten, daß Falschzeugen nur hingerichtet werden dürfen, wenn der Verurteilte noch lebt [G I]. Andererseits deuten sie "Leben um Leben" auf den Zeitpunkt der Verurteilung des Angeklagten, denn ab Urteilsverkündung gilt er juristisch als tot; die Vollstreckung der Hinrichtung ist reine Formsache. Deshalb dürfen Zeugen, die vor Urteilsfällung als falsche entlarvt werden, ebenfalls nicht hingerichtet werden. [M I.III]. Noch einmal: Neben schon erwähntem Grundsatz, daß andere die Zeugen selber als falsch und nicht integer erweisen müssen, damit diese bestraft werden können, ist der Zeitfaktor zu beachten: Nur *nach* Verurteilung, aber *vor* Hinrichtung des Angeklagten überführte Falschzeugen werden ihrerseits hingerichtet; andernfalls gehen sie straffrei aus - zweifelsohne ein höchst enger Geltungsbereich. Im Falle des Verhöres Jesu wäre somit keine Zeugenverurteilung möglich gewesen, da *a.* sich sämtliche Aussagen auf den Angeklagten bezogen. Weil diesbezüglich offenbar die zweite Zeugeneinheit Gegensätzliches gegenüber der ersten vorbrachte, hatte das Gericht keinerlei Veranlassung, einer von beiden Glauben zu schenken, *b.* keine weiteren Zeugen vernommen wurden, die das Alibi der vorherigen hätten disqualifizieren können (Markus 14,63); *c.* die erst danach erfolgte Verurteilung - juristisch inkorrekt - nicht aufgrund von Zeugenaussagen, sondern aufgrund des hohenpriesterlichen Verhörs und Votums zustande kam.

Während es übrigens der palästinischen *Gemara* zu unserer Mischna um den Nachweis zu tun ist, daß rückwirkend das ganze

Zeugnis eines nach Verurteilung des Angeklagten überführten Falschzeugen ungültig ist, auch wenn Teile davon korrekt gewesen sein mögen (p Mak I,6 [8],31a), begründen die ersten beiden *Baraitot* der babylonischen *Gemara* [G I-III] und [G IV] die These, daß man Strafen nicht aufgrund logischer Schlußfolgerungen verhängen darf, sondern daß körperliche Bestrafungen (Geißelung, Hinrichtung) explizit oder andeutungsweise von der Tora geboten sein müssen. Da laut Wortlaut von 5. Mose 19,19 das Trachten nach dem Tod des Bruders mit der Todesstrafe geahndet wird, kann man nicht durch einen Schluß vom Leichten auf das Schwerere - gegen die Tora - beweisen wollen, daß die Todesstrafe erst recht gegen die Zeugen ausgesprochen werden muß, wenn die Hinrichtung des Bruders durch sie bereits erfolgte. So logisch dies klingt - es ist von der Tora nicht gedeckt! Verdeutlicht wird dies am Wortlaut von 3. Mose 20,17 [G IV]: Dort ist zunächst nur der Inzest mit der Halbschwester im Blick, der die Ausrottung (durch Gottes Hand) bedingt. Muß dann nicht um so eher Ausrottung erfolgen beim Geschlechtsverkehr mit der leiblichen Schwester? Aber diese Schlußfolgerung verbietet und erübrigt sich dadurch, daß die Tora dort im Nachsatz ausdrücklich auch die (Scham der) Tochter von Vater und Mutter, also der wirklichen Schwester, erwähnt. Alle unerlaubten Bruder-Schwester-Beziehungen ziehen die Ausrottung nach sich! Fazit: Mittels der Hillelschen *Middot*, d.h. seiner hermeneutischen Prinzipien, dürfen weder Körper- noch Todesstrafen verhängt werden.
Die Haggada der letzten *Baraita* [G V-VII] ist aufgrund der Diskussionspartner, des Gelehrten-"Paares" Jehuda ben Tabai (s.o. 2.3) und Schim'on ben Schatach (Schätach), ins erste Drittel des 1. Jhdt.s v.Chr. zu datieren und greift die Pharisäer-Sadduzäer-Kontroverse von [M I] auf. Jehuda glaubt, durch Hinrichtenlassen eines Falschzeugen vor der Hinrichtung des Verurteilten der pharisäischen Sache einen guten Dienst erwiesen zu haben und daher den Trost (Israels, d.h. den Tag der messianischen Erfüllung; s. Lukas 2,25) zu erleben. Doch sein Kollege Schim'on zeiht ihn der vorschnellen Tötung, ja des Mordes, wegen eines Verfahrensfehlers. Mag auch jener Hingerichtete erwiesenermaßen ein Falschzeuge gewesen sein, so muß doch erst das Falschzeugnis des zweiten Zeugen aufgedeckt worden sein.

Wie es zweier übereinstimmender Zeugen für die Hinrichtung des Angeklagten bedarf, so dürfen entsprechend immer nur beide Falschzeugen zusammen hingerichtet werden (b Sot 2a/b nach 5. Mose 19,15). Dies hat Jehuda übersehen und soll deswegen von seinem Präsidentenamt *(Nasi)* zum Vizepräsidenten des Gerichtshofes *(Ab Bet-Din)* degradiert worden sein. Am Grab jenes Zeugen fleht er von nun an Tag für Tag um Vergebung.

6.3 Aufgabe: Abstimmungsprozedur im kleinen *Sanhedrin*

Während das Drei-Richter-Gericht eine Lokalbehörde, einberufbar in unterschiedlicher Besetzung je nach Fall, nur für zivilrechtliche Belange wie Geldforderungen, Schadensersatz für Raub und Körperverletzung, Vergewaltigung, sexuelle Nötigung (M Sanh I,1), für Verfahren der Scheidung (b Git 5b) oder des Übertritts zum Judentum (b Jeb 46b) bevollmächtigt war, durften kleiner wie großer *Sanhedrin* Prozesse über Leben und Tod führen. Ersterer zählte 23 Mitglieder und bildete die Regionalinstanz für Städte ab mindestens 120 Einwohnern. Er ahndete u.a. sexuelle Perversion mit Tieren oder befand über die Steinigung von stößigem Vieh und dessen Besitzer (M Sanh I,4). Der Prozeß Jesu fand dagegen vor der obersten Behörde, dem großen *Sanhedrin* (Hoher Rat, *Synedrium*) von Jerusalem mit 71 Mitgliedern (nach dem Vorbild der 70 Ältesten neben Mose; 4. Mose 11,16f.), statt. Er war die politische, juristische und moralische Vertretung der Juden innerhalb und außerhalb Israels, wenngleich sich seine direkte Machtausübung nur auf die Provinz Judäa erstreckte. Unter anderem ernannte er die 23er-Gerichte, fällte die definitive Entscheidung über ihnen zweifelhafte Fälle und stellte sich Fragen nationaler Tragweite. Zum Beispiel konnte er gegen eine abtrünnige, götzendienerische Stadt oder gegen einen so verleiteten Stamm vorgehen, einen Lügenpropheten oder einen widerspenstigen - sich dem *Sanhedrin* oder der *Halacha* verweigernden - Gelehrten der Erdrosselungsstrafe überantworten (M Sanh I, 5; XI,1ff.). Laut Talmud soll Jesus gesteinigt, dann gehenkt worden sein als Zauberer und Verführer Israels (b Sanh 43a; 107b; s.o. 2.3). Sie sollen sich nun mit den Abstimmungsmodalitäten im kleinen *Sanhedrin* befassen:

M Sanh V,5: [I] 12 sprechen frei und 11 schuldig: (Der Angeklagte ist) frei.
[II] 12 sprechen schuldig und 11 frei -, 11 sprechen schuldig und 11 frei (und einer sagt: "Ich weiß nicht") -, ja selbst wenn 22 frei oder schuldig sprechen und einer sagt: "Ich weiß nicht": Dann vermehrt man die (Zahl der) Richter.
[III] (Um wieviel und) bis wieviel vermehrt man? - Je um zwei bis 71.
[IV] 36 sprechen frei und 35 schuldig: (Der Angeklagte ist) frei. 36 sprechen schuldig und 35 frei: Dann verhandeln diese und jene (solange) miteinander, bis einer von den Schuldigsprechenden die Worte der Freisprechenden einsieht.
b Sanh 17a/b: [I] Und R. Abahu sagte: "Beim Vermehren (der Zahl der Richter) soll man das Gericht von Anfang an aus einer geraden Zahl bestehen lassen." -
[II] Das ist doch selbstverständlich. Aber man könnte meinen, daß der, welcher sagt: "Ich weiß nicht" (d. h. "ich enthalte mich"), als anwesend gilt und wenn er etwas sagt, man darauf hört. So lehrt er (R. Abahu) uns, daß der, welcher sagt: "Ich weiß nicht", nicht als anwesend gilt (und folglich auch nicht mitgezählt wird). Und wenn er eine Begründung (für ein Urteil) abgibt, hört man nicht auf ihn.
[III] Rab Kahana sagte: "Ein *Sanhedrin*, der insgesamt (einstimmig) (den Angeklagten) für schuldig befindet, muß ihn freilassen." Warum? Weil uns überliefert ist, daß man das Urteil eine Nacht aufschiebt, um noch Entlastungsgründe für ihn zu finden. Aber diese würde man ja nun nicht mehr für ihn suchen.
[IV] R. Jochanan sagte: "Man wählt nur solche Männer in den *Sanhedrin*, die mit einer (guten) Statur, mit Weisheit, (schönem) Aussehen, gewisser Lebensreife und (Kenntnissen über) Hexerei ausgestattet sind und die siebzig Sprachen (der Welt) beherrschen, so daß der *Sanhedrin* nicht auf die Hilfe eines Übersetzers angewiesen ist."
[V] Rab Jehuda sagte im Namen Rabs: "Man wählt nur einen solchen in den *Sanhedrin*, der aus der Tora nachweisen kann, daß ein (unreines) Reptil rein ist."

Rab behauptete (nämlich): "Ich werde eine Schlußfolgerung anstellen und seine Reinheit beweisen. Wenn (nämlich laut Tora) eine Schlange, die tötet und (dadurch) Unreinheit verbreitet, rein ist - ist dann nicht zu folgern, daß (erst recht) ein Reptil, das nicht tötet und (nicht) Unreinheit verbreitet, rein sein muß?" - Aber so verhält es sich nicht, weil sie (die Schlange) diese (Unreinheit) nur wie ein (reiner) Dorn verursacht.

a) Listen Sie die leitenden rabbinischen Prinzipien bei der Abstimmung über Freispruch oder Hinrichtung auf!
b) Womit begründen die Weisen die Freilassung des Angeklagten trotz einstimmiger Verurteilung?
c) Die Ironie von [G IV.V] ist unüberhörbar. Auch wenn wir das Thema "rituelle (Un-)Reinheit" erst in Kap. 8 behandeln werden - können Sie sich einen Reim darauf machen, weshalb der Versuch Rabs, wenigstens gedankenspielerisch die Tora zu widerlegen, zurückgewiesen wird? Was hat die Schlange mit dem Dorn einer Pflanze gemein? Kleine Hilfestellung: Lesen Sie 3. Mose 11,29-31! Da die Schlange in jener Liste fehlt, gilt sie als rein wie übrigens auch Pflanzen (nach 1. Mose 1,29). Hingegen verbreitet eine (menschliche) Leiche Unreinheit!
d) Studieren Sie die erste Antithese der Bergpredigt Matthäus 5,21f.:

[I] Ihr habt gehört, daß zu den Alten gesagt wurde (2. Mose 20,13): *Du sollst nicht töten*! Wer aber tötet, ist dem Gericht verfallen.
[II] Ich aber sage euch: Jeder, der seinem Bruder zürnt, ist dem Gericht verfallen.
[III] Wer aber zu seinem Bruder sagt: Du Hohlkopf, ist dem *Sanhedrin* verfallen.
[IV] Wer aber sagt: Du Narr, ist der Feuerhölle verfallen. -

Welche Gerichtsinstanzen meint Jesus? Worin liegt die "Paradoxie" dieses Jesus-Wortes? Beurteilen Sie hieraus seine Stellung zur pharisäischen Rechtspraxis!

Kapitel 7: Talmudordnung V - "Heiligkeiten"

7.1 Vorbemerkung: Schächt- und Speisebestimmungen

Der V. *Seder* (Ordnung) *Kodaschim*, "Heiligkeiten", "heilige Dinge", mit seinen elf Traktaten basiert primär auf der Opferthematik des 3. Mose-Buches (Kap. 1ff.). Im Zentrum steht die Reinheit von Altar und Heiligtum: Verschiedene Opferarten (Schlacht-, Speis-, Trank-, Dank-, Brandopfer bis hin zum Taubenopfer der Armen) werden besprochen, die Makellosigkeit der Opfertiere, die Intention *(Kawwana)* des Opfernden und die Tauglichkeit des Kultpersonals (Hoherpriester, Priester, Leviten) diskutiert. Auch erfahren wir den Ablauf eines Morgengottesdienstes mit *Tamid* (tägliches Opfer; vgl. 4. Mose 28) am Heiligtum und - aus architektonischer Sicht - den Aufriß des gesamten Tempelareals. Da die Opfergesetze schon zur Zeit der Mischna keinen praktischen Nutzen mehr besaßen, fehlt diesem *Seder* die palästinische *Gemara*. Die babylonischen Gelehrten gehen hingegen von der Devise aus, daß dem, der sich trotzdem mit den Tempel-*Halachot* befasse, es die Schrift anrechne, als sei in seinen Tagen der Tempel wiedererrichtet worden.

Wir konzentrieren uns auf den Traktat *Chullin*, "Profanes", "Nichtgeheiligtes", weil er noch immer relevante Fragen behandelt, "die Geltung haben im Land (Israel) und außerhalb des Landes, wenn der Tempel besteht und wenn der Tempel nicht besteht" (M Chul VII,1 u. ö.). Er enthält eine Liste (Agenda) von Einzelbestimmungen bezüglich des Schlachtens von Tieren für menschlichen Verzehr, nicht zu Opferzwecken, und weitere Speisegesetze für den Umgang mit Tierprodukten. Seine Einbettung gerade in die Ordnung "Heiligkeiten" soll die Paralleli-tät von heiliger und profaner Schlachtung, von Altar und gewöhnlichem Eßtisch, deutlich machen.

- Kap. I-IV sind dem rituellen Schlachten (*Schechita*, deutsch: "Schächten") gewidmet. Aus der vagen Angabe "wie ich dir (zu schlachten) geboten habe" (5. Mose 12,21) "entwickeln" die Rabbinen die weiterhin gültigen Schächtregeln: Mit einem scharfen, schartenfreien Messer, das nicht durch Haut, Wolle oder Feder verdeckt sein darf, ist in einer bestimmten Höhe der Tierkehle ein horizontaler Schnitt ohne Unterbrechung und ohne Druck auszuführen, der Luft- und Speiseröhre sowie Blutgefäße und Nervenstränge durchtrennt, wobei sofortige Lähmung und Schmerzfreiheit aufgrund von Hirnanämie eintreten. Ein nicht von einem rabbinisch geprüften Schächter *(Schochet)* geschlachtetes Tier gilt als Aas *(Nebela)*.

- Die übrigen Kap. V-XII nennen andere häusliche Speisevorschriften mit Tora-Bezug: das Verbot, ein Muttertier am selben Tag wie ihr Junges zu schlachten (3. Mose 22,28); das Gebot der Beseitigung (Zudecken) des Blutes geschlachteter Tiere (3. Mose 17,13f.: das Blut als Seele des Fleisches, als Sitz der Lebenskraft); das Gebot, die über das Hüftgelenk laufende Spannader (Ischiasnerv) beim Schlachten zu entfernen (1. Mose 32,33); das Verbot der Vermischung von Milchigem und Fleischigem (2. Mose 23,19; 34,26; 5. Mose 14,21; s.u. 7.3); das Gebot, Teile des Geschlachteten und das Erste der Schafschur (Wolle) den Priestern auszuhändigen (5. Mose 18,3f.); schließlich die seltsame Bestimmung vom Vogelnest (5. Mose 22,6f.; dazu 7.2).

Dies alles umfaßt der Begriff *Kaschrut*, "Tauglichkeit": *Kascher* (koscher, d. h. "tauglich", "zum Essen geeignet") sind - laut dem von unserem Traktat vorausgesetzten Basistext 3. Mose 11 - alle dort mit ihren Merkmalen aufgelisteten reinen Tiere. *T'refa* ("Zerrissenes", "Defektes", "kultisch Unreines") werden hingegen die dort zum Essen verbotenen bzw. die Tiere bezeichnet, die aufgrund bestimmter Verletzungen oder kranker Organe keine lange Überlebenschance besitzen. Darüber hinaus ist auf die koschere Zubereitungsweise des Essens zu achten, etwa darauf, daß Fleisch nach Wässern, Einlegen in Salz und Abwaschen kein Blut mehr enthält. Fragen wir nach den Gründen für diese dezidierten *Kaschrut*-Vorschriften:

a) Für die Rabbinen sind keinesfalls hygienische Erwägungen (z.B. Blut gerinnt und verdirbt leicht), medizinische Einsichten (gewisse Tiere als Krankheitsträger, etwa die Trichinen beim deshalb verbotenen Schwein) oder kultische Motive (z.B.: Andersgläubige opferten Schweine) ausschlaggebend, sondern diese Ernährungslehre (Diätetik) ist einzig religiös, allenfalls moralisch begründbar.

b) Der Talmud steht auf dem Standpunkt, daß Gott diese Bestimmungen erlassen hat, damit der Mensch sich ihnen ohne Reflexion über ihren Sinn und Notwendigkeit unterwirft. "Du sagst vielleicht, diese (u.a. das Verbot des Schweinefleischgenusses) seien etwas Sinnloses. Deshalb heißt es (3. Mose 18,4): 'Ich bin der Herr'. Ich, der Herr, habe sie zu Statuten erklärt, und du hast keine Befugnis, über sie nachzugrübeln." (b Joma 67b) Bereits Jochanan ben Zakkai um 70 n.Chr. meinte: "Nicht der Tote verunreinigt, und nicht das Wasser macht rein, aber es ist eine Verordnung des Königs der Könige" (PdRK 71). Rabbinen unterscheiden zwischen "Hörigkeitsgeboten" (*Chukkim*, "Statuten"), denen bedingungslos Folge zu leisten ist, wozu die *Kascher*-Praxis gehört, und "Verstandesgeboten" (*Mischpatim*, "Verordnungen"), die ohne Begründung spontan einleuchten, etwa die Zehn Gebote. Erstere sollen den Menschen daran erinnern, daß das Tun zuerst und daraus das Verstehen kommt "Laßt uns tun und hören" (2. Mose 24,7). Er soll sich als Geschöpf, als Diener Gottes begreifen lernen. Selbst ein aufgeklärter Philosoph wie Moses Mendelssohn akzeptierte diese pädagogische, antirationalistische Sicht: "Uns muß es genügen, daß wir wissen, sie seien von IHM befohlen worden. Nachdem wir uns dem Joch Seiner Herrschaft unterworfen haben, müssen wir Seinen Willen tun. Der Nutzen liegt im Erfüllen der Gebote, nicht im Wissen ihrer Gründe."[41]

c) Die moralische oder weltanschauliche Begründung wird eher in der Neuzeit vertreten: "Jude sein heißt: verzichten können, heißt: Opfer bringen."[42] Durch das, was er ißt bzw. nicht ißt, erweist sich ein Jude als Jude. Er lernt seinen Trieb beherrschen, distanziert sich von menschlicher Gier und Unmäßigkeit. Die *Kaschrut* ist somit eine Art Selbstläuterung, Selbstzucht, Zwang zur Selbstdiziplin und sensibilisiert geistig-seelisch. Maimoni-

41. Be'ur (Pentateuchkommentar) zu 2. Mose 23,19, zitiert nach Roland Gradwohl: Grundgesetze des Judentums. Stuttgart, 1984, S. 61.

42. R. Gradwohl, Grundgesetze, a. a. O., S. 63.

des, der jüdische Philosoph des Mittelalters (gest. 1204): "Die Speisegebote erziehen uns dazu, unsere Lust zu meistern; sie gewöhnen uns daran, das Wachsen unserer Begierden einzudämmen, die Vergnügungssucht zu mildern und die Neigung zu bezwingen, Essen und Trinken als Lebenszweck anzusehen."[43]
Es zeigt sich: "Der Mensch lebt nicht vom Brot allein" (5. Mose 8,3) - auch nicht vom Schinken allein!
d) Die Tora verbindet mehrfach Speisegesetze mit dem Gedanken der Heiligkeit: "Ihr sollt mir heilige Leute sein! Darum sollt ihr auf dem Felde (von Tieren) zerrissenes Fleisch *(Basar T'refa)* nicht essen!" (2. Mose 22,30; vgl. 3. Mose 11,44; 5. Mose 14,21). Den Herrn immer vor Augen haben (Psalm 16,8) bedeutet: Die Religion soll das ganze Leben, selbst die banalen Alltagsgeschäfte, durchströmen. In der Heiligung des Lebens als einer einzigen, allumfassenden *Mizwa* realisiert sich die Heiligung des Namens Gottes: "Alle deine Handlungen sollen geschehen um des Himmels willen (d.h. für Gott)" (M Ab II,12 [17]). Darum fängt für Juden Religion auf dem Schlachthof an und setzt sich in der Küche fort. Bekanntlich ist Schlachten und Essen von Tieren nicht schöpfungsgemäß (1. Mose 1,29f.), sondern erst eine Konzession Gottes an die Menschen nach der Sintflut (1. Mose 9,2-4). Daher sollen sie Verantwortung für die Tiere, ihre Mitkreaturen, tragen und ihnen beim Töten unnötige Schmerzen ersparen. Die häuslichen Speisevorschriften, auf die natürlich vor allem die Frau zu achten hat, tangieren den gesamten Menschen, Körper und Geist, und dienen genauso der Einung mit dem Willen Gottes. Das heilige Essen: Sinnbild für die einstige Opfermahlzeit am Altar, jetzt "Tisch" genannt! Um den Körper nicht vom animalischen, bösen Trieb beherrscht werden zu lassen, erteilen Tora und Talmud Regeln für jene gottgeweihte Nahrung. Im Grunde dürfte daher ein Tora-unkundiger Mensch *(Am ha-Arez)* gar kein Fleisch essen (b Pes 49b). So spielt es für einen gläubigen Juden keine Rolle, ob jene Bestimmungen in der schriftlichen oder mündlichen Tora stehen. "Man beginnt heute wieder zu ahnen, daß die

43. More Nebuchim (Führer der Unschlüssigen) in der Edition Adolf Weiss. Leipzig, 1923, Bd. III, Kap. 25.

Sonderart des jüdischen Hauses eine der grundlegenden Bausteine für eine jüdische Kultur ist."[44]
e) Auch die soziologische Bedeutung der *Kaschrut* gilt es zu betonen. Seit Zerstörung des ersten Tempels (587 v. Chr.) und dem Beginn jüdischer Diaspora-Existenz ist sie - neben Beschneidung und Sabbat-Observanz - Ausweis des Judeseins überhaupt. Einerseits schützt sie vor Selbstauflösung und trägt aufgrund der von ihr verlangten Absetzung von der Tischgemeinschaft mit Andersgläubigen und Andersdenkenden wesentlich zum Überleben des Judentums bei. Andererseits fördert sie als Zeichen des Bundes zwischen Gott und Israel die soziale Verbundenheit der Juden untereinander unabhängig von Raum und Zeit. Sie ist ein entscheidender Haftpunkt jüdischer "Volkssolidarität". Wer die Speisegesetze befolgt, bekennt und bindet sich an die jüdische Tradition und teilt die gemeinsame Hoffnung auf das Ziel der Geschichte. Dem Ausleger Raschi zufolge wird sorgfältige Beachtung der *Kaschrut* die Erlösung in unserer Zeit bringen.[45] Obgleich das Reformjudentum die Befolgung jener Vorschriften der Entscheidung des einzelnen anheimstellt, wie er es halten möchte, feiert die *Kaschrut* gerade in liberal-jüdischen Kreisen heute ein "Comeback".

7.2 Übungsbeispiel: Vom Vogelnest zur Auferstehung der Toten

Für ein konkretes Tora-Gebot soll nun nach Motivation und Tiefendimension gefragt werden. 5. Mose 22,6f.: "Wenn dir zufällig unterwegs ein Vogelnest auf irgendeinem Baum oder auf dem Boden zu Gesicht kommt, mit Jungen oder Eiern (darin), und die Mutter ruht auf den Jungen oder (brütet) auf den Eiern, so darfst du *nicht* die Mutter samt den Jungen nehmen! Schicke ja die Mutter weg! Dann darfst du dir die Jungen nehmen, damit es dir wohlgehe und du lange lebest!" Wie ist damit umzugehen?

44. Else Rabin: Das jüdische Haus. In: Friedrich Thieberger (s. o. Anm. 24), S. 20.
45. Pentateuchkommentar zu 5. Mose 33,19 in der Ausgabe von Julius Dessauer. Budapest, ^{2}1917.

Christliche Ausleger versuchen krampfhaft, hier einen "Erweis der auf die untermenschliche Kreatur ausgedehnten Humanität" des Judentums[46] oder "eine volkserzieherische Regel" zu finden: "Der Mensch soll das, was ihm Nutzen liefert, nicht zerstören."[47] Geht es um Artenschutz, um das Mitleid mit allem Lebendigen? Jeder Tierschützer oder strikte Vegetarier würde trotzdem vehement protestieren. Diese Begründungsweise ist jedenfalls nicht die rabbinische, die uns das letzte Kapitel von *Chullin* überliefert. Lesen wir jene Verse darum zunächst noch einmal mit den akribischen Augen der Talmudweisen:

Da die Tora von "unterwegs" spricht, darf es sich nur um wilde, nicht um domestizierte Vögel (Gänse, Tauben) oder um für das Tempelopfer geweihte, aber wieder weggeflogene, also um nicht schon im Besitz befindliche handeln. Weil es wohl auch um das Essen der Jungen geht, trifft die Bestimmung für unreine Vögel nicht zu. Obwohl "Eier" im Plural steht, kann man auch bei nur einem Ei oder einem Jungen zugreifen, denn es heißt "Vogelnest" - egal wieviel es enthält. Jedoch dürfen es nicht verdorbene, zusammengedrückte Eier oder bereits flügge Junge sein, da beide von der Fürsorge der Mutter abhängig sein müssen. Die Mutter gilt von da an, wo ihre Flügel das Nest nicht mehr berühren, als weggeschickt. Kehrt sie selbst vier- oder fünfmal zum Nest zurück, ist sie jedes Mal von neuem wegzuscheuchen. In Wirklichkeit haben wir zwei *Mizwot* vorliegen: zunächst die negative, nicht Mutter samt Jungen zu nehmen, sodann die positive, die Mutter fliegen zu lassen. Erhält folglich jemand, der erstere durch das Nehmen von Mutter- *und* Jungtier übertritt, vierzig Geißelhiebe (M Mak III,4) oder kann er seine Tat durch sofortiges Befolgen der zweiten *Mizwa* ungeschehen machen? Schließlich erinnert die Begründung "damit es dir wohlgehe ..." an die ihr verwandte beim Gebot, Vater und Mutter zu ehren (5. Mose 5,16), woraus zu schließen ist, daß die Tora letztlich keine Unterscheidung von bedeutenden und unwichtigen *Mizwot* kennt. Hierauf nimmt die letzte Mischna Bezug:

46. Carl Steuernagel: Das Deuteronomium und das Buch Josua. HKAT.I/3,1. Göttingen, 1923, S. 132.

47. Hubert Junker: Deuteronomium. EB. Würzburg, ^{2}1954, S. 64; ders.: Das Buch Deuteronomium. HSAT.II/2. Bonn, 1933, S. 93.

M Chul XII,5: [I] Nicht darf jemand (Vogel-)Mutter samt Kindern nehmen, selbst wenn es für das Reinigen eines Aussätzigen wäre.
[II] Und wenn schon hinsichtlich einer leichten *Mizwa* vom Werte eines *Issars* (römische Münze von geringem Wert: *assarius*) die Tora sagte: *damit es dir wohlgehe und du lange lebest*, um wieviel mehr *(Kal wa-Chomer)* (gilt dies dann) für die gewichtigen *Mizwot* in der Tora!

Während sich [I] noch wie die vorauslaufenden Erwägungen auf der Literalebene der Tora-Passage bewegt - Vogelmutter mit Jungem darf nicht einmal für den Reinigungsritus eines Aussätzigen, wofür zwei Vögel, von denen nur einer geschlachtet, der andere aber wieder freigelassen werden muß, nötig sind (3. Mose 14,1-7), genommen werden! -, deckt [II] ihren Hintersinn *(D'rasch)* auf: Das Interesse der Rabbinen an jener unscheinbaren Doppel-*Mizwa* zielt nicht auf die Ergründung von Ursache und Sinn, sondern auf die Folgen der *Mizwa*-Erfüllung; der "Lohn" besteht in einem langen, gesegneten Leben. Mittels des Nachsatzes "damit es dir wohlgehe ..." stellt die Tora das vermeintlich geringste Gebot im Werte eines *Issars*, wofür man gerade zwei Spatzen kaufen kann (Matthäus 10,29; Luther dort: "Pfennig"), dem schwersten Gebot der Ehrerbietung gegen die Eltern gleich (p Kid I,10,61b). Wir entnehmen daraus, daß derjenige, der auch nur eine einzige der 613 *Mizwot* nicht erfüllt, die ganze Tora nicht erfüllt hat. Die rabbinische Unterscheidung von leichten und schweren Geboten, wie sie schon Jesus kennt, wenn er vom "geringsten" (Matthäus 5,19) oder vom "ersten" bzw. "größten" Gebot spricht (Markus 12,29; Matthäus 22,38), bedeutet eben nicht die Nivellierung der übrigen. Zumindest bei den Rabbinen erfolgt jene Differenzierung nicht nach inhaltlichen, sondern nach formalen Kriterien, nämlich hinsichtlich der Voraussetzungen zur Erfüllung und hinsichtlich der Folgen bei Nichterfüllung. Ein Gebot kann darum "schwer" heißen, weil es nicht mit Geld, sondern nur unter Einsatz des Lebens ausgeübt werden kann oder weil auf seine Unterlassung die Todesstrafe und nicht bloß eine Bußleistung in Form eines Opfers oder Geld steht. "Laufe nach einem geringen Gebot, damit es dich zu einem großen Gebot führe!" (ARN 2) Natürlich bedarf es zwecks Erfüllung von moralischen Geboten wie dem der Elternehrung, Liebeswerken, Friedensstiftung unter den Menschen oder dem des Tora-Studiums (b Kid 39b) eines ganzen Lebens im Gegensatz zum Vogelnest-Gebot. Von daher eigneten sich zwar Zusammenfassungen (Gebot der Gottes- und Nächstenliebe) oder Kurzfassungen ("Goldene Regel", Matthäus 7,12) für katechetische oder missionarische Zwecke, doch an der Tatsache, daß etwa Gottes- und Nächstenliebe nur durch Halten auch aller anderen Gebote möglich ist, darf selbst bei Jesus nicht gezweifelt werden. Ähnlich unserer Mischna stellt er dem Befolger der kleinsten Gebote Lohn, "Schätze im Himmel", in Aussicht (Matthäus 5,19; 6,1.20). "Rabbi (Jehuda) sagt: '... Sei vorsichtig genauso bei einer leichten wie bei einer schweren *Mizwa*, denn du kennst ja nicht die Lohngabe für die Gebote.'" (M Ab II,1)[48] Die *Gemara* zu M Chul XII,5 unterstreicht jenen Gedanken:

b Chul 142a: [I] Es wird gelehrt: R. Ja'akob sagt: "Es gibt für dich überhaupt keine *Mizwa* in der Tora, bei der die Gabe ihres Lohnes genannt ist, woran nicht die Auferstehung der Toten angehängt wäre. Beim (Gebot) der Ehrung von Vater und Mutter steht geschrieben: *damit du lange lebest und es dir wohlgehe.* Beim Wegschicken (des Vogels) vom Nest steht geschrieben: *damit es dir wohlgehe und du lange lebest.*" -
[II] Siehe, wenn zu jemandem sein Vater gesagt hat: "Steige auf die Burg hinauf und bringe mir (Tauben-)Küken", und jener stieg hinauf, schickte die Mutter weg und nahm die Jungen, aber bei seiner Rückkehr stürzte er ab und starb - wo ist da dessen langes Leben und dessen Wohlergehen? -
[III] Vielmehr (ist daraus zu folgern): *damit du lange lebest*, (nämlich) in der Welt, die vollkommen lang (d.h. ewig) ist;

48. Allgemein Günther Bornkamm: Der Lohngedanke im Neuen Testament. In: Studien zu Antike und Urchristentum. Gesammelte Aufsätze. Bd. II. München, 1963, S. 69-92.

und damit es dir wohlgehe, (nämlich) in der Welt, die vollkommen Wohlergehen ist. -
[IV] Aber vielleicht kommt so etwas gar nicht vor? - R. Ja'akob sah diesen Fall.
[V] Aber vielleicht hatte jener sündige Gedanken? - Der Heilige, gepriesen sei er, verbindet (d. h. rechnet) nicht eine böse Absicht mit der Tat.
[VI] Aber vielleicht hatte jener götzendienerische Gedanken? Denn es steht geschrieben (Hesekiel 14,5): *um das Haus Israel an seinem Herzen zu packen*, und Rab Acha bar Ja'akob sagte: "Dies bezieht sich auf götzendienerische Gedanken." - Dies ist, was er (R. Ja'akob) sagen wollte: Wenn der Lohn für die *Mizwot* (schon) in dieser Welt erfolgen würde, dann hätte doch dieser (Lohn) ihm beistehen und ihn schützen müssen, damit er nicht solch (sündigen) Gedanken verfallen und (überhaupt nicht) verletzt worden wäre. Vielmehr erfolgt der Lohn für *Mizwot*(-Befolgung) nicht in dieser Welt.
[VII] Aber sagte nicht R. El'azar: "Zu einer *Mizwa* Geschickte nehmen keinen Schaden"? - Bei ihrer Rückkehr verhält es sich anders.
[VIII] Aber sagte nicht Rabbi El'azar: "Zu einer *Mizwa* Geschickte nehmen keinen Schaden - weder auf dem Hin- noch auf dem Rückweg"? - Es war eine schadhafte Leiter, und bei einem Ding (Ort), wo Schaden wahrscheinlich ist, verhält es sich anders. Denn es steht geschrieben (1. Samuel 16,2): *Und Samuel sprach: Wie soll ich hingehen? Denn Saul wird es erfahren und mich töten.*"

An der Befolgung dieser scheinbar peripheren Vogelnest-*Mizwa* hängt demnach die Auferstehung der Toten [I], so wie laut Jesus am Doppelgebot der Liebe Tora und Propheten insgesamt "hängen" (Matthäus 22,40). Die *Gemara* erbringt gerade hieraus - also aus der Tora selbst - den in Jesu Tagen von den Sadduzäern noch abgelehnten Auferstehungsbeweis; Jesus tat dies bekanntlich unter Verweis auf 2. Mose 3,6 (Markus 12,26f.). So korrigiert bT die Mischna, die eher an eine materielle Belohnung in diesem Leben denkt, was übrigens der jüdische Bibelexeget Raschi (gest.

1105) unterstreicht:[49] "Hast du das Gebot des Fliegenlassens des Muttervogels erfüllt, dann wirst du das Glück haben, ein neues Haus zu bauen ... Du wirst auch Weingärten, Felder und schöne Kleider besitzen." Augenscheinlich aufgrund gegenläufiger Erfahrungen verbirgt sich hinter der Verhältnisbestimmung von Tora-Gehorsam und Lohn bei bT das Problem der Theodizee, d. h. der Versuch, Gott angesichts des Leids in der Welt zu rechtfertigen, wie es viele Psalmen, z.B. Psalm 42f., tun. Jeder von uns könnte ebenso genug Beispiele anführen, wo korrekte Gebotserfüllung nicht den erwarteten Lohn zeitigt und dann Zweifel an Gottes Gerechtigkeit laut werden.

Für R. Ja'akob ist der von ihm selbst erlebte Fall [II] kein Grund, an der ausgleichenden göttlichen Gerechtigkeit zu zweifeln. Im Gegenteil zieht er die Schlußfolgerung [III], daß mit dem in der Tora erwähnten langen Leben und Wohlergehen nur das Leben in der kommenden Welt nach der Auferstehung gemeint sein kann. In der Parallelüberlieferung (b Kid 39b) steht das Ja'akob-Zitat: "Es gibt keinen Lohn für die *Mizwa*(-Erfüllung) in dieser Welt." Auch wenn andere Rabbinen moderater formulieren: "Es gibt für dich keine leichte *Mizwa* in der Tora, für die es nicht die Gabe ihres Lohnes in dieser Welt gäbe. Aber was (erst) die (Belohnung in der) zukünftigen Welt anbelangt, so weiß ich nicht, wie groß (diese sein wird)" (b Men 44a), so würden sie doch der Jesus-Verheißung zustimmen, daß "euer Lohn reichlich im Himmel" sein wird (Matthäus 5,12). Überhaupt erfolgt die Lohnauszahlung an die Gerechten *(Zaddikim)* - man denke nur an die jüdischen Märtyrer - in der kommenden Zukunft (M Ab II,16 [21]).

Die beiden Frage-Antwort-Blöcke [IV]-[VI] und, unter Bezug auf den Ja'akob-Kritiker R. El'azar, [VII] - [VIII] dienen einzig der Festigung der Ja'akob-Auslegung von 5. Mose 22,6f. Zwar könnten im Unterschied zu sündhaften Wünschen götzendienerische Absichten als die Tat selbst gelten und darum bestraft werden, wie der Verweis auf Hesekiel belegt - Israel soll durch das Gottesurteil über Götzendiener am Herzen gepackt werden und umkehren -, doch das Gegenargument wiegt stärker: Sollte die Belohnung in dieser Welt erfolgen, müßte die Belohnung (und

49. Pentateuchkommentar zu 5. Mose 22,8 (s. o. Anm. 45).

damit ja Gott selber) den Menschen vor derlei abtrünnigem Denken bewahren. Mittels des zweiten Schriftzitates (1. Samuel) - Samuel soll auf Geheiß Gottes David zum König anstelle Sauls salben, fürchtet aber gerade deswegen um sein Leben - wird verdeutlicht, daß die Ausführung eines Gottesgebotes nicht immer einen heilvollen Ausgang nehmen muß. Kein Frommer ist automatisch vor einer brüchigen Leiter gefeit! So vertieft in höchst realistischer Weise der zweite Block den ersten mit dem Fazit, beim Tun des Gotteswillens nie Lohn dafür reklamieren zu sollen. Mit den Worten eines Kirchenliedes (EKG 387,1): "Frag nach der Ernte nicht, du darfst den Lohn nicht messen ..." Erst bei der Auferstehung der Toten, beim Gericht nach den Werken, wird Gottes Gnadenlohn zur Auszahlung gelangen.

Kehren wir nach diesem Ausblick auf die Letzten Dinge zur Frage nach der rabbinischen Motivierung jener Vogelnest-*Mizwot* zurück. An anderer Stelle (M Ber V,3) lesen wir: "Wenn jemand spricht (betet): '(Herr, sogar) auf ein Vogelnest erstreckt sich dein Erbarmen', ... so heißt man ihn schweigen." Zwei Antworten benennen den Grund für den erzwungenen Gebetsabbruch: "[I] weil er (der Beter) Neid unter dem Werk der Schöpfung (d. h. unter den Kreaturen) provozieren würde ...; [II] weil er die Maße (Maßstäbe) des Heiligen, gepriesen sei er, zu Barmherzigkeit(serwägungen) machen würde" (b Ber 33b). Laut [I] bevorzugt Gott diesen Vogel gegenüber anderen Tieren, was infolgedessen deren Eifersucht weckt und zur Störung der Harmonie der Schöpfung führt. Dies darf nicht geschehen. Gewichtiger ist [II]: Gottes Gebote sind schlicht "Anordnungen" *(Gezerot)*. All ihren Begründungen würden menschliche Kriterien zugrunde liegen. Würde also jemand hier Gott Barmherzigkeitserwägungen unterstellen, könnte dagegen ein Tierschützer dasselbe Gebot als unbarmherzig einstufen: Warum läßt man nicht das gesamte Vogelnest unangetastet? Der Beter könnte auch fälschlich weiter folgern: "Wenn du, Herr, schon Erbarmen über ein Vogelnest zeigst, um wieviel mehr muß sich dann erst dein Erbarmen über uns Menschen erstrecken!" Dadurch würde er Gott sozusagen "in die Karten schauen" und seine rein subjektive Beurteilung das eben nicht hinterfragbare göttliche Gebot relativieren. Die Rabbinen wenden sich folglich gegen eine Antwort auf die Frage nach dem Verhältnis von Gesetz und Moral. Gerade jenem Tora-Gebot kann man kaum ökologische oder humanitäre Motive abspüren. Es will Autorität, Gehorsam lehren - mehr nicht. Für die Talmudweisen stehen sich hier Vernunft und Offenbarungsglaube diametral gegenüber. Diese Diskrepanz versucht später Maimonides aufzuheben: "Die Eier, auf denen die Mutter sitzt, oder die Küchlein, die der Mutter bedürftig sind, sind zumeist zur Nahrung ungeeignet. Läßt man nun die Mutter frei und sie kann sich entfernen, so wird ihr die Qual erspart zuzusehen, daß man ihr die Jungen wegnimmt, und in den meisten Fällen wird dies den Ausnehmer veranlassen, das Ganze stehen zu lassen, weil das, was er nehmen darf, meist zum Essen ungeeignet ist."[50] Noch eine rabbinische Deutung aus unserer Zeit: Die Vogelnest-*Mizwa* stellt eine Konzession an uns Menschen, aber nicht das Ideal dar. Wir würden gern alles beide - Mutter und Junges - nehmen. Darum bietet die Tora jenen Kompromiß um unserer Hartherzigkeit willen an und versucht, uns wenigstens ein wenig zu sensibilisieren. Also allenfalls ein Zugeständnis hinsichtlich unseres Tötungsinstinktes, aber kein Barmherzigkeitsideal.[51] - Nach Heinrich Heine ist die fehlende jüdische Jagdleidenschaft darauf zurückzuführen, daß Juden selbst viele Jahrhunderte zu den Gejagten gehörten.

7.3 Aufgabe: Milchiges, Fleischiges - und Geflügel

Wir wenden uns der in der Tora gleich dreimal begegnenden (2. Mose 23,19; 34,26; 5. Mose 14,21) negativen *Mizwa* zu: "Du sollst nicht das Böcklein in der Milch seiner Mutter kochen!" Die Verwandtschaft mit dem Vogelnest-Gebot oder dem Verbot, Muttertier und Junges am selben Tag zu schlachten (3. Mose 22,28), liegt auf der Hand. Wieder könnten wir eine psychologisch-ethische Begründung geben: Das eine Tier vor den Augen

50. More Nebuchim (s.o. Anm. 43), Bd. III, Kap. 48; zur weiteren Auslegungsgeschichte von 5. Mose 22,6f., insbesondere bei den Kabbalisten: Daniel Krochmalnik: Das Gesetz und die Moral. TAD-Nachrichten. 6. München, 1989, Heft 4, S. 52-82.

51. Shlomo Riskin: Compassion or Concession? In: Jerusalem Post. International Edition vom 24.8.1991, S. 23.

des anderen zu töten wäre grausam. Zudem würde in unserem Fall das Jungtier seinen Tod gerade darin finden, was eigentlich seiner Ernährung und seinem Leben dient. Wir könnten ferner religionsgeschichtlich argumentieren, daß das Verbot eine heidnische Kultsitte abwehre, denn Kanaanäer pflegten den Opferbrauch eines in der Dickmilch des Muttertieres gekochten Böckleins, um sich je neu der Fruchtbarkeit ihrer Felder zu vergewissern. Diese Gesichtspunkte teilt der Rabbinismus, dem die jüdische Küche ihre Besonderheiten verdankt, nicht. Vielmehr zieht er einen "Zaun" um die Tora. Nicht nur Ziegenfleisch in Ziegenmilch ist verboten, sondern jede koschere Fleischart mit Milch irgendeines reinen Tieres serviert. Fleisch- und Milchprodukte sind in der Küche getrennt voneinander zu lagern; für Fleisch- und Milchspeisen ist verschiedenes Koch- und Eßgeschirr erforderlich. Nach Fleischgenuß muß man - je nach religiöser Richtung oder örtlicher Sitte - bis zu sechs Stunden warten, bis man Milchiges (auch Gebäck) essen darf. Umgekehrt: Eine Fleischspeise auf Käse wäre - nach Mund- und Händereinigung - sofort möglich. Diese bis heute gültigen talmudischen Vorschriften finden sich überschaubar im *Schulchan Aruch* ("Gedeckter Tisch", Kompendium des jüdischen Ritualgesetzes von 1564/5) zusammengestellt (*Jore Dea*, 87ff.). Einige Spezialprobleme sollen Sie mittels folgender Mischna- und *Gemara*-Ausschnitte lösen:

M Chul VIII,1.4: [I] Es ist verboten, Fleisch jederlei Art in Milch zu kochen außer Fleisch von Fischen und Heuschrecken.
[II] Auch ist verboten, es (überhaupt) zusammen mit Käse anzurichten ...
[III] "Geflügel darf zusammen mit Käse angerichtet, aber nicht gegessen werden" - so die Worte des Hauses Schammai.
[IV] Aber das Haus Hillel sagt: "Es darf weder (zusammen) angerichtet noch (zusammen) gegessen werden ..."
[V] Fleisch von reinem Vieh in Milch von reinem Vieh: Es ist verboten, (dies) zu kochen, und verboten, daraus Nutzen zu ziehen (etwa durch den Verkauf oder Verfütterung).
[VI] Fleisch von reinem Vieh in Milch von unreinem Vieh

(oder) Fleisch von unreinem Vieh in Milch von reinem Vieh: Es ist erlaubt, (dies) zu kochen, und erlaubt, daraus Nutzen zu ziehen.
[VII] Rabbi Akiba sagt: "Wild und Geflügel fallen nicht unter das Toraverbot, denn es heißt: *Du sollst nicht das Böcklein (!) in der Milch seiner Mutter kochen*, (und das gleich) dreimal, (d. h.) ausgenommen Wild, Geflügel und unreines Vieh."
b Chul 115b: [I] Und Rabbi (Jehuda ha-Nasi) - woher leitet er das mit (dem Verbot) der Nutznießung ab? - Er leitet es von folgendem ab: Hier (5. Mose 14,21) heißt es: *Du bist ein heiliges Volk dem Herrn.* Dort (5. Mose 23,18) heißt es: *Und keine Tempelhure soll sein unter den Kindern Israel!* Was dort bezüglich Nutznießung (in sexuellem Sinne verboten) ist, ist auch hier bezüglich Nutznießung (von Fleisch in Milch gekocht verboten). ...
[II] Die Schule Jischma'els lehrte: "*Du sollst nicht das Böcklein in der Milch seiner Mutter kochen* (steht in der Tora) dreimal: einmal bezogen auf das Verbot des Essens und einmal bezogen auf das Verbot der Nutznießung und einmal bezogen auf das Verbot des Kochens."
[III] Es wurde gelehrt: Issi ben Jehuda sagt: "Woraus (ist zu schließen), daß Fleisch mit Milch (gekocht zum Essen) verboten ist?" - Es heißt hier (s. o.): *Du bist ein heiliges Volk dem Herrn*, und es heißt dort (2. Mose 22,30): *Und ihr sollt mir heilige Leute sein, und auf dem Feld zerrissenes Fleisch dürft ihr nicht essen!* Was dort verboten ist, ist auch hier verboten.
[IV] Nun weiß ich dies (Verbot) zwar bezüglich des Essens, aber woher (daß dieses Verbot auch) die Nutznießung betrifft? - Ich sage es dir mittels eines *Kal wa-Chomer*-Schlusses: Wenn (ein) *Orla*(-Produkt) (s. dazu Kap. 3.1 und 3. Mose 19,23) zur Nutznießung verboten ist, obwohl es nicht durch eine (Verbots-)Übertretung zustande kam, ist dann nicht um so mehr Fleisch mit Milch zur Nutznießung verboten, das durch eine (Verbots-)Übertretung (d.h. durch Kochen) zustande kam?

a) Welche Begründung geben die Rabbinen selbst für die gebotene Trennung von Milchigem und Fleischigem?
b) Welche Fragestellung wird auf welche Weise zwischen den "Häusern" (Schulen) und von R. Akiba diskutiert?
c) Wie interpretiert die Schule seines Kollegen Jischma'el das dreifache Vorkommen des Tora-Verbotes? Prüfen Sie auch den jeweiligen biblischen Kontext!
d) Darf (theoretisch) *1.* Aal, *2.* Kamelmilch, *3.* Rehmilch zusammen mit (koscherem) Fleisch zubereitet bzw. gegessen werden? Lesen Sie dazu 5. Mose 14,3-21!

Kapitel 8: Talmudordnung VI - "(Un-)Reinheiten"

8.1 Vorbemerkung: Kultisch-rituelle Reinheitsfragen

Alle zwölf Traktate des VI. *Seder Toharot*, "Reinheiten", "Reinigungsvorschriften", mit der Thematik "Rein und Unrein" gehören zu den schwierigsten des Talmuds. Zwar weist nur die Abhandlung über die Menstruation der Frau *(Nidda)* in pT und bT eine *Gemara* auf, doch in vielen anderen Traktaten wird jene Fragestellung andiskutiert (z.B. in Chul/Schab/AZ). Denn das eigentliche Feld von Rein und Unrein betrifft nicht die Speisebestimmungen (s. Kap. 7), sondern die Unreinheit bzw. Verunreinigungsfähigkeit generell von Mensch, Geräten, Essen und Getränken. Man spricht hier von ritueller oder levitischer (Un-) Reinheit im Gegensatz zu unserem üblichen Verständnis von Reinheit in hygienischer oder medizinischer Hinsicht. Die Grundlage für die später von den Rabbinen präzisierten und in ein höchst differenziertes System eingeordneten Bestimmungen bilden die von der Priesterschaft verfaßten Tora-Passagen 3. Mose 11-17 und 4. Mose 19. Sie bezog (Un-)Reinheit nur auf Personen und Dinge, die in Kontakt mit dem Tempel standen; d.h., sie wachte über die Kultfähigkeit. Gottes Wohnung sollte nicht unrein gemacht werden (3. Mose 15,31). Gewöhnliche Israeliten mußten folglich jene Anordnungen nur beachten, wenn sie etwa im Rahmen ihrer Wallfahrtsfeste den Tempelbezirk und weitestgehend das Stadtgebiet von Jerusalem betraten.

Erst um die Zeitenwende scheint der demokratische Gedanke, daß jeder Jude ein geistiger Abkömmling des Hohenpriesters Aaron sein möge, Platz gegriffen zu haben. Ausgehend von Pharisäergemeinschaften *(Chaburot)*, die ihre Mahlzeiten als heilige Speise ansahen und den Gegensatz zwischen Sakral- und Profanbereich aufhoben, sollte sich die Verpflichtung zu kultischer Reinheit auf alle Juden und auf das ganze Land Israel erstrecken als sichtbarer Ausdruck der Heiligung und Nachahmung Gottes:

“Ihr sollt heilig sein, denn ich bin heilig” (3. Mose 11,44f.). Die Priester bildeten fortan keine Sondergemeinschaft mehr. Das Tempelideal wurde auch außerhalb des Tempels gelebt. Inwieweit diese Verpflichtung wirklich von der gesamten Bevölkerung übernommen wurde, wäre eine andere Frage. Zumindest bestand der Anspruch, nach Abrahams Vorbild in Reinheit zu essen (b BM 87a). Die Rabbinen, auf die nach dem Fall des Tempels die priesterliche Kompetenz, in Fragen von Rein und Unrein zu entscheiden (s. Haggai 2,11ff.), überging, hielten jedenfalls in ihren Lehrentscheidungen noch lange jenes System am Leben, das an sich nicht mehr praktizierbar war - eine heilige Gemeinschaft jenseits der Geschichte!

Zur Verdeutlichung einige von ihnen behandelte Probleme:

a) Welche Hauptquellen von Unreinheit gibt es? - Erstens: der Ausfluß von den Geschlechtsteilen, also bei der Frau die reguläre Menstruation und unnormaler Blutfluß (s. Markus 5,25ff.), beim Mann Samenabgang und andere Ausscheidungen (Gonorrhöe). Auch die Geburt eines Kindes macht unrein. Zweitens: Aussatz, der den Menschen, Kleider und Häuser befallen kann und zu farblichen Haut-, Haar- und Wandveränderungen führt, demnach eher eine “religiöse” Krankheit ist. Drittens: Leichen und tierisches Aas, vor allem die Kadaver von Reptilien.

b) Wie wird Unreinheit übertragen? - Während Reinheit eine nicht übertragbare, neutrale Eigenschaft ist, wird Unreinheit als etwas Stofflich-Materielles angesehen und durch Berührung, Tragen, Druck oder Bezeltung (d.h. wenn man sich mit einem Toten oder einem Aussätzigen unter einem Dach befindet) weitergeleitet.

c) Welche Grade von Unreinheit gibt es? - Die von einem Infektionsherd ausstrahlende Unreinheit wird bei jeder weiteren Übertragung um einen Grad schwächer, ist demnach nicht unbegrenzt übertragbar. Als Urherd der Unreinheit (“Vater der Väter der Unreinheit”) gilt eine Leiche. Wer sie berührt, ist folglich (nur) ein “Vater der Unreinheit” ebenso wie eine Frau während der Menstruation oder nach einer Entbindung. Wer wiederum mit jenen in engeren Kontakt kommt, wird zu einem erstgradigen “Abkömmling (Kind) der Unreinheit”. Er vermag nun weiter Speisen und Flüssigkeiten zweitgradig zu verunreinigen. Dritt-

und viertgradig unrein könnten allenfalls heilige Speisen (Priesterhebe, Tempelopfer) werden. Als "untauglich" gilt, was selbst verunreinigungsfähig ist, aber nicht mehr weiter verunreinigen kann.

d) Wie lange dauert Unreinheit? Schwächere Unreinheit dauert bis zum Abend desselben Tages an, stärkere bis zu einer oder mehreren Wochen, bis eben die Symptome (Blut, Verfärbung) nicht mehr auftreten. Eine jüdische Frau muß sich monatlich mindestens zwölf Tage des Geschlechtsverkehrs enthalten.

e) Womit läßt sich Unreinheit beseitigen? - Abhängig vom Verunreinigungsgrad sind bestimmte Waschungen, durch Untertauchen in rituellen Bädern (*Mikwe*), vorgeschrieben, daneben das Waschen von Kleidern und Gerätschaften. Für "leichenunrein" Gewordene galt in biblischen Tagen das Besprengen mit dem aus der Asche der Roten Kuh hergestellten Reinigungswasser (4. Mose 19), für ehedem Aussätzige neben dem obligatorischen Bad die Darbringung von Opfern (3. Mose 14).

Einige Gedanken zum Verständnis dieser uns fremd anmutenden Materie: Rein sein ist ein religiöses Ideal und - wie Demut oder Frömmigkeit - eine Stufe auf dem Weg zur Heiligung (b AZ 20b). Unreinheit hingegen bedeutet Abwesenheit von Heiligkeit und trennt von Gott und natürlich von der heiligen Gemeinschaft. So, wie der höchste Unreinheitsgrad aus der Berührung einer Leiche resultiert, so läßt sich letztlich der eigene Tod als Ausfluß unreinen, widergöttlichen Handelns erklären. In früheren Tagen konnte daher eine Unreinheit wie Aussatz als göttliche Strafe für irgendwelche Vergehen aufgefaßt werden. Sünden machen die Welt unrein, während Umkehr und gute Taten Heiligkeit befördern. Gerecht ist, wer reine Hände hat (Hiob 17,9)! Wenn demnach Unreinheit "eine Maske des Todes" ist, so hat Reinigung etwas mit "Wiedereintritt ins Licht", ja mit Auferstehung und Unsterblichkeit zu tun.[52] Das Untertauchen in der *Mikwe* erinnert an die christliche Sicht der Taufe als einem mit Christus Sterben und Auferstehen (Römer 6,3ff.) (das hebräische *Tebila* heißt zugleich "Immersion" und "Taufe").

52. Nach Richard Siegel, Michael and Sharon Strassfeld (Hrsg.): The First Jewish Catalog. A Do-it-Yourself Kit. Philadelphia, 1973, S. 167 ff.

Ferner lehren uns die Hauptquellen von Unreinheit, daß sie oft etwas Unvermeidliches, Notwendiges im Rhythmus des Lebens darstellt. Sie ist ein Bestandteil des Menschseins, während Reinheit immer nur etwas Vorläufiges, nie Fixierbares sein kann. Unreinheit tritt auf vor allem an den Polen des Lebens - bei Geburt und Tod - und an den Bindegliedern zwischen ihnen: Menstruation oder Samenabgang haben immer zugleich mit neuem Leben bzw. mit Sterben zu tun. Kurzum: Allem Lebensfördernden wie Lebensbedrohenden haftet der Keim der Unreinheit an, wozu eben ganz banal allein schon Essen und Trinken zählen. Wer sich der Reinheitsriten befleißigt, transzendiert bereits diese materielle Welt und vollzieht einen geistigen Aufstieg zu einem Sein in Gott. Zum anderen richtet er Heiligkeit in dieser Welt auf und schafft hier eine Wohnung für Gott. Auch das Unbedeutendste, Niedrigste, Äußerlichste soll voll der Göttlichkeit werden. Freilich muß parallel zum äußeren Reingungsritus die innere, spirituelle Reinigung erfolgen. Die ursprünglich kultischen Vorstellungen bedürfen einer Ethisierung, wie sie Jesus im Sinne der Propheten (Jesaja 1,15-17) überdeutlich forderte (Markus 7,15ff.). Das rabbinische Reinheitssystem will nie bloßes Formprinzip *(opus operatum)* bleiben, sondern verlangt - ohne dies ständig ausdrücklich zu artikulieren - reines Herz und reine Seele, die Reinhaltung des ganzen Denkens und Handelns. Man soll danach "hungern", daß "der Geist der Reinheit" auf einem ruhe (b Sanh 65b). Auch bei bestem Wollen vermag kein Mensch aus sich selber vollkommene Reinheit zu erlangen. Rabbi Akiba zieht das Fazit: "Wer ist es, vor dem ihr euch reinigt? Wer ist es, der euch reinigt? Es ist euer Vater im Himmel. ... Es heißt (Jeremia 17,13): *Die Hoffnung (Mikwe!) Israels ist der Herr.* Wie (demnach) das Tauchbad *(Mikwe)* die Unreinen rein macht, so macht der Heilige, gepriesen sei er, Israel rein" (M Joma VIII,9).
Heute ist von jener Fülle an Bestimmungen noch das Gebot für die verheiratete Frau, sich am Ende ihrer Menstruationsperiode einem Tauchbad zu unterziehen, in Gültigkeit. Für Männer besteht nur die rabbinische Empfehlung, nach Geschlechtsverkehr oder vor Sabbat und Festtagen bzw. vor dem Torastudium die *Mikwe* aufzusuchen. Von Nichtjuden erworbene Küchengeräte müssen ebenso wie zum Passa-Fest bestimmtes, aber schon vorher be-

nutztes Geschirr "koscher" gemacht werden, was etwa bei Pfannen durch Ausglühen, bei Besteck durch Eintauchen in kochendes und bei Gläsern in lauwarmes Wasser geschieht, um alles Gesäuerte (s.o. Kap. 4) zu entfernen. Da der Vorrat an Reinigungswasser der Roten Kuh-Asche etwa drei Jahrhunderte nach der Tempelzerstörung endgültig aufgebraucht gewesen sein soll, befindet sich seitdem jeder Jude im Zustand der Leichenunreinheit. Obwohl dies unwichtig ist, weil der Tempel nicht mehr existiert, betreten u.a. aus diesem Grund streng Orthodoxe den einstigen (allerheiligsten) Tempelplatz nicht. Nachfahren des damaligen Priestergeschlechtes *(Kohanim)* meiden - trotz ihres Unreinheitszustandes! - (unreine) Friedhöfe. Letztlich sollen aber schon mit dem Tode Rabbanan Gamli'els des Alten (etwa Mitte des 1. Jhdt.s n.Chr.) die Ehrung der Tora, die Reinheit und die Enthaltsamkeit (hebräisch *Perischut,* "Absonderung", "Pharisäismus") nachgelassen haben (M Sot IX, 15).

8.2 Übungsbeispiel: Vom Hohlraum eines Tongefäßes

Der vorgeschlagene Text stammt aus dem bedeutendsten und mit 30 Kapiteln längsten 1. Traktat der VI. Ordnung: aus *Kelim,* "Gefäße" oder allgemeiner: "Geräte". Denn abgesehen von einem Einleitungskapitel, das 19 "Väter von Unreinheiten" vom Kriechtier bis zur Leiche auflistet, ferner zehn vom lebenden Menschen ausgehende Unreinheitsarten und schließlich zehn (zunehmende) Grade der Heiligkeit des Landes Israel nennt, geht es nur um die Auflistung von Verunreinigungsmöglichkeiten bestimmter Geräte. Es werden Tonwaren (Geschirr, Öfen), Me-tallgeräte (Musikinstrumente, Waffen), Holz- und Ledersachen (Körbe, Handschuhe) und endlich die der Tora noch ungeläufigen Glaswaren untersucht. Dabei fragen die Rabbinen etwa auch nach der Mindestgröße eines Gefäßes, um für Unreinheit empfänglich zu sein, und natürlich nach Reinigungsmöglichkeiten. Sie prüfen vor allem zusammengesetzte Geräte (Webstühle, Pflüge) und interessieren sich für ihre Funktion und die subjektive Intention des Herstellers. Erste Regel, die wir zu lernen haben: Jedes Gerät, das nutzlos ist, kann gar nicht unrein werden. Natürlich werden wir wieder im einzelnen auf den Tora-Bezug und das Tora-

Verständnis der Weisen eingehen müssen und dabei erkennen, daß die Bibel ihren Akzent auf die Arten von Unreinheit und ihrer Beseitigung legt, hingegen sich mit der Geräte-Thematik nur am Rande beschäftigt. Seinen Abschluß fand unser Traktat zwischen 150 und 175 n.Chr. in der dritten Tanna'iten-Generation; der Beginn seiner Diskussion liegt freilich in vorchristlichen Tagen. Aufgrund der späterhin nicht mehr möglichen bzw. notwendigen Beachtung seiner Bestimmungen besitzt er in pT/bT keine *Gemara.* Für nachfolgende *Kelim*-Mischna findet sich eine passende Stelle in b Chullin.

M Kel II,1: [I] Geräte aus Holz, Geräte aus Leder, Geräte aus Knochen, Geräte aus Glas: Die flachen unter ihnen sind rein (d. h. nicht verunreinigungsfähig), aber die vertieften unter ihnen sind unrein (d. h. verunreinigungsfähig).
[II] Werden sie zerbrochen, so sind sie (wieder) rein.
[III] Macht man aus ihnen (den Bruchstücken) wiederum Geräte, so sind sie von da an und weiter für (neue) Unreinheit empfänglich.
[IV] Geräte aus Ton .... (können nur) durch ihren Hohlraum (wörtlich: "durch Luft") verunreinigt werden als auch (ihrerseits weiter) verunreinigen ...
[V] Aber sie (können) ... nicht von ihrer Vorderseite aus verunreinigt werden.
[VI] Und ihr Zerbrechen bedeutet ihre Reinigung.

Erste Beobachtungen: Wir haben es mit einer Zusammenfassung wesentlicher Entscheidungen zu tun. Der Diskussionsvorgang ist beendet; das Resultat wird bekanntgegeben. Die Ausgangsfrage lautete offenbar: Welche Geräte sind auf welche Weise für Unreinheit empfänglich? Unreinheit muß man sich dabei als etwas Flüssiges oder Gasförmiges vorstellen, das auf die Gerätschaften einwirkt bzw. von ihnen ausströmt. Wodurch sie unrein werden, interessiert diese Mischna nicht. Man darf annehmen, daß der Verursacher einer der in M Kel I genannten "Väter von Unreinheit" ist, daß demnach Geräte immer nur erstgradige "Abkömmlinge" jener Hauptunreinheit sind, was bedeutet, daß sie ihrerseits weder Mensch noch andere Geräte, sondern lediglich Speisen und Flüssigkeiten zweitgradig unrein machen können. Nun ins Detail: Der Text läßt sich in zwei Teile gliedern: [I]-[III] widmet sich Holz-, Leder-, Knochen- und Glasgeräten, [IV]-[VI] Geräten aus gebranntem Ton. Weshalb diese Differenzierung? Alle genannten Utensilien können doch Unreinheit annehmen, wobei es gar nicht auf ihr Material, sondern allein auf ihre Form ankommt: Sie müssen eine Vertiefung haben, eine Art Behälter bilden, um unrein zu werden [I.IV]. Flache Geräte - egal, woraus sie verfertigt sind - können nicht unrein werden. Die Rabbinen haben jedoch an anderer Stelle einen Tisch, weil man auf ihn wieder ein Gerät stellen kann, für verunreinigungsfähig erklärt. Ebenso sind rabbinisch die in unserer Mischna nicht genannten flachen Metallgeräte für Unreinheit empfänglich, während die hier gleichfalls ausgeklammerten Geräte aus Stein in jeder Gestalt sich keine Unreinheit zuziehen können. Zwischen [I]-[III] und [IV]-[VI] dürfte dann wohl ein Unterschied hinsichtlich der Weise des Empfanges von Unreinheit bestehen: [IV] betont, daß sie Tongefäße nur über die Luft ihres Hohlraumes erwerben können. Das bedeutet, daß die Unreinheitsquelle - z. B. ein totes Reptil - gar nicht in Berührung mit dem Tongefäß zu kommen oder in dieses hineinzufallen braucht, sondern daß die Luft im Inneren jene Unreinheit gleichsam einfängt und dann sofort in dieses Gefäß gefüllte Speisen und Getränke (zweitgradig) weiterverunreinigt. Diese besondere Übertragungsweise gilt augenscheinlich ausschließlich für Tongeräte, denn [V] schließt ihre Verunreinigung über die Vorderseite aus. Jene normale Übertragungsweise durch Berühren eines Gerätes gilt dann eben für die in [I] aufgelisteten Utensilien. Noch einmal: Die Unterscheidung hinsichtlich der Materialien in [I] und [IV] ist ausschlaggebend für die Art und Weise der Geräte, unrein zu werden. Jene Differenzierung zeitigt des weiteren Konsequenzen für die Art und Weise der Reinigung der Geräte. Zwar teilen [II] und [IV] dieselbe Ansicht, daß alle durch Zerbrechen wieder rein werden können. Die Gefäße sind ja dann nutzlos, nicht mehr gebrauchs- und aufnahmefähig. Dieser "Identitätsverlust" bewirkt ihre Reinigung. Aber man kann sich vorstellen, daß es für die gegenüber Tongeräten wertvolleren Holz- oder Lederutensilien (z.B. Ta-

schen) auch die Möglichkeit einer Reinigung durch rituelle Waschung geben muß. Tatsächlich legen die Rabbinen fest: Verunreinigte Tongefäße *müssen*, Geräte aus anderem Material *können* zerbrochen bzw. *müssen* anderweitig gereinigt werden. Noch auf einen weiteren Unterschied macht [III] aufmerksam: Setzt man die Bruchstücke eines Gerätes, das aus einem in [I] genannten Material besteht, wieder zusammen, dann ist dieses neue Gerät von neuem für Unreinheit empfänglich, doch die alte Unreinheit - aufgrund des Zerbrechens - für immer beseitigt. Interessanterweise fehlt dazu die parallele Aussage für Tongeräte. Man darf aus diesem Schweigen schließen, daß, wenn man Tonscherben in gleichsam archäologischer Manier wieder zu einem Krug oder einer Schale zusammenfügt, dann nicht neue Verunreinigungsfähigkeit droht, sondern die alte Verunreinigung weiterbesteht. Dies ist darauf zurückzuführen, daß Scherben härter, konsistenter sind und beim Zusammensetzen genau die alte Geräteform ergeben im Gegensatz zu Holz, Leder oder Glas, das, in Stücke geschnitten, erst bearbeitet (gehobelt, umgenäht, abgeschliffen) werden muß, damit ein neues Ganzes entsteht. Die auf unsere folgende, sicher erst später entstandene Mischna revidiert darum Satz [VI] insofern, als sie sogar den einzelnen Tonscherben ab einem bestimmten Fassungsvermögen weiterhin anhaftende Unreinheit attestiert.
Fazit: Was ist das Besondere an vertieften Tongeräten? - Sie nehmen Unreinheit nur auf durch die Luft ihres Hohlraumes (nicht durch Berührung!); zwecks Reinigung müssen sie zerbrochen und nicht bloß abgespült werden; sogar ihren Scherben kann - abhängig von deren Größe - weiterhin Unreinheit bescheinigt werden.
Fragen wir nach der Tora-Anbindung des Ganzen, so hilft uns die *Gemara:*

b Chul 24b/25a: [I] Die *Rabbanan* lehrten: "Der Hohlraum eines Tongefäßes ist unrein (verunreingungsfähig), aber seine Außenseite ist rein (nicht verunreinigungsfähig). (Hingegen) ist der Hohlraum aller (anderen) Gefäße rein, aber ihre Außenseite unrein. Daraus folgt: Rein ist bei einem Tongefäß das, was unrein ist bei allen (anderen) Gefäßen. (Und umgekehrt:) Das was bei allen (anderen) Gefäßen rein ist, ist bei einem Tongefäß unrein." Woher (wissen wir) dies?

[II] Die *Rabbanan* lehrten (folgendes nach 3. Mose 11,33): "*sein Inneres,* auch wenn es (das Gefäß) nicht berührt worden ist."

[III] Du sagst: auch wenn es nicht berührt worden ist. Oder ist dem vielleicht nicht so, sondern nur dann, wenn es (durch den Vater der Unreinheit) berührt worden ist? Rabbi Jonatan ben Abtolmos antwortet: "Es heißt *sein Inneres* beim Unreinmachen (des Gefäßes), und es heißt *sein Inneres* beim Unreinwerden (des Gefäßes). Deshalb: (Wie) *sein Inneres* bedeutet: unrein machen, auch wenn es nicht berührt worden ist, so bedeutet *sein Inneres* (auch): unrein werden, auch wenn es nicht berührt worden ist." Woher (wissen wir) dies von ersterem (Fall des Unreinmachens)?

[IV] Rabbi Jonatan entgegnete: "Die Tora bezeugte (diesen Fall) hinsichtlich eines Tongefäßes - und sei es sogar voller Senfkörner."

[V] Es sprach Rab Ada bar Ahaba zu Raba: "Läßt sich nicht nach dem *Kal wa-Chomer*-Prinzip (d. h. vom Leichteren auf das Schwerere) schlußfolgern, daß ein Tongefäß (erst recht) von seiner Außenseite her unrein werden (kann)? Wenn (nämlich) alle (anderen) Gefäße, die nicht von ihrem Hohlraum aus unrein werden können, (dennoch) von ihrer Außenseite her unrein werden, muß man dann nicht schlußfolgern, daß (um so mehr) ein Tongefäß, das von seinem Hohlraum aus unrein werden kann, (ebenfalls) von seiner Außenseite her unrein wird?"

[VI] (Raba antwortete): "Es steht zu lesen (4. Mose 19,15): *Und jedes offene Gefäß, auf dem kein Deckel angebunden ist (ist unrein)*. Welches (aber) ist ein solches Gefäß, dessen Unreinheit (Verunreinigung) durch seine Öffnung eindringt? Mußt du nicht antworten: Dies ist ein Tongefäß? Denn wenn ihm kein Deckel angebunden ist, wird es unrein. Doch ist ihm ein Deckel angebunden, ist es rein (nicht verunreinigungsfähig). ... Hingegen alle (anderen) Gefäße, egal ob ihnen ein Deckel angebunden ist oder ob ihnen kein Deckel angebunden ist, sind verunreinigungsfähig."

Einerseits registrieren wir einen recht lockeren Tora-Bezug; andererseits wird aber dieser Rückgriff höchst akribisch betrieben, indem die Amoräer auf Wiederholungen achten, denn kein Wort der Tora ist überflüssig, sondern muß einen bestimmten Sinn haben. Die Talmudweisen bedienen sich zu seiner Eruierung gern der Auslegungsregeln Hillels (s.o. Kap. 4.2) oder gehen mittels des *D'rasch* über den Literalsinn hinaus bzw. ziehen Schlüsse aus in der Tora nicht Gesagtem. Denn Gottes Wort transzendiert das geschriebene Wort.

Konkret unsere *Gemara*, die beweisen will, daß Tongefäße auf anderem Wege als alle übrigen Geräte verunreinigt werden können: [I] nimmt auf Satz [IV] und [V] obiger Mischna Bezug. Die Folgerung ist klar: Bei einem Tongefäß ist nicht verunreinigungsfähig, was bei Gefäßen aus anderem Material unrein wird, nämlich die Außenseite. Oder: Bei anderen Utensilien ist nicht verunreinigungsfähig, was beim Tongerät unrein wird, nämlich der Luftraum im Inneren.

Die *Baraita* [II] verweist endlich auf die Tora-Basis 3. Mose 11,33: "Und jedes Tongefäß - wenn (eines) von jenen (toten Reptilien, s.V.29) in *sein Inneres* fällt, so wird alles, was in *seinem Inneren* ist, unrein. Und ihr sollt es (das Gefäß) zerbrechen!" Mit den Rabbinen bemerken wir das doppelte "sein Inneres", das sie als den Hohlraum deuten. Genau genommen fällt das Aas nicht auf den Boden des Gefäßes, was offenbar die Tora meint, sondern verunreinigt lediglich dessen inneren Luftraum.

In [III] wendet R. Jonatan den Hillelschen Analogieschluß *(Gezera schawa)* an: Das erste "sein Inneres" meine laut Tora: Der verunreinigte Hohlraum macht alles, was in dieses Gefäß gefüllt wird, unrein. Das zweite, im Grunde überflüssige "sein Inneres" müsse darum auf das Unreinwerden des Gefäßes an sich mittels eben jenes Hohlraumes bezogen werden.

In [IV] betont Jonatan noch einmal, daß diese Weise des Unreinwerdens und -machens ausdrücklich nach der Tora nur für Tongefäße gelte. Als Beispiel für das Unreinmachen jeglichen

Inhaltes durch die unreine Luft nennt er Senfkörner. Warum?
a) Ginge die Verunreinigung von der Gefäßwand aus, wären nur die Körner unrein, die diese Wand berühren, aber nicht die im Innenraum befindlichen. Denn nach rabbinischer Sicht kann Nahrung überhaupt erst ab der Größe/Menge eines Eies unrein machen.
b) Eine Speise kann gar nicht eine andere Speise, ein Senfkorn das andere verunreinigen.
c) Da aufgrund der erstgradigen Unreinheit des Gefäßes ein Senfkorn zweitgradig unrein wäre, könnte es als profane Speise nicht weiter verunreinigen, da drittgradige Unreinheit ausschließlich bei heiliger (Tempel-)Speise möglich ist. - Da aber laut Jonatan alle Senfkörner auf einmal unrein werden, kann dies nur die Luft zwischen diesen "kleinsten unter allen Saatkörnern" (Matthäus 13,32) bewirkt haben - was zu beweisen war.
Die Diskussion zwischen zwei babylonischen Lehrern des 4. Jhdt.s in [V.VI] eröffnet einen neuen Beweisgang zu [I] - diesmal mittels der Hillelschen *Kal wa-Chomer*-Regel: Wenn alle anderen Gefäße zwar nicht von ihrem Hohlraum, wohl aber von ihrer Außenseite unrein werden können, um wieviel mehr müsse dann gelten, daß ein Tongefäß, das von seinem Hohlraum aus verunreinigt wird, ebenso von seiner Außenseite unrein werden kann. Unter Zitierung von 4. Mose 19,15 widerlegt Raba jedoch diese Ansicht mittels einer weiteren Auslegungsregel Hillels, die "Wie aus einer anderen Schriftstelle zu folgern ist" lautet und die Erklärung einer Bibelstelle nach einem zweiten, ihr ähnlichen Beleg meint. Die Betonung "*offenes* Gefäß" in 4. Mose 19,15 erinnert natürlich an die besondere Verunreinigungsweise von Tongefäßen über ihre Öffnung in 3. Mose 11,33 [II]. So schlußfolgert Raba, daß das "offene Gefäß" ein Tongefäß sein müsse, das - mit Deckel versehen - nicht unrein werden könne. Damit ist erwiesen, daß das Äußere eines Tongefäßes für dessen Verunreinigungsfähigkeit keinerlei Bedeutung hat.
Fazit: Die *Gemara* verdeutlicht den von der Mischna stillschweigend vorausgesetzten Tora-Bezug, der zwar für einen rabbinischen Insider, nicht aber für einen christlichen Leser offen zutage tritt. Übrigens läßt sich 3. Mose 11,33 ferner entnehmen, daß verunreinigte Tongeräte zu zerbrechen sind - im Gegensatz zu Holz- oder

Ledersachen (s. V.32; vgl. 3. Mose 6,20f.); 4. Mose 31,20-24 verrät darüber hinaus, wie jene Utensilien wieder "koscher" gemacht werden. Und wenn die Tora vom verunreinigten Inneren der Geräte spricht - läßt sich dann nicht mit den Rabbinen folgern, daß (flache) Utensilien ohne Behältnis nicht unrein werden können? So ist in der schriftlichen Tora längst angelegt, was die halachische Debatte der mündlichen Tora mittels logischer (keineswegs nur künstlicher) Deduktion hinzufügt.

8.3 Aufgabe: "Reinigt zuerst das Innere!"

Nachdem wir uns in diese zugegeben schwierige und höchst theoretisch anmutende Thematik eingearbeitet haben, sollen uns ihr Entwicklungsstand und ihre Praxis in den Tagen Jesu bzw. zur Zeit der Evangelienentstehung interessieren. Aus der Hinterlassenschaft der Essener-"Sekte" von Qumran wissen wir beispielsweise, daß für sie schon im 2. Jhdt. v. Chr. Reinheit, vor allem am Eßtisch praktiziert, konstitutive, identitätsstiftende Funktion besaß. In wesentlich stärkerer Rückbindung an die Schrift lesen wir etwa zum Umgang mit Toten oder mit einer Totgeburt Schwangeren[53]: "Und am Tag, da man aus ihm (d. h. aus dem Haus) den Toten herausbringt, soll man das Haus säubern von jeglicher Befleckung durch Öl und Wein und Wasserfeuchtigkeit. Seinen Boden und seine Wände und seine Türen soll man abschaben und seine Türschlösser, seine Türpfosten, seine Schwellen und seine Oberschwellen soll man mit Wasser abwaschen. Am Tag, da der Tote aus ihm herausgezogen ist, reinigt man das Haus und alle seine Geräte, Handmühle und Mörser und alle Geräte aus Holz, Eisen und Bronze, sowie alle Geräte, denen (rituelle) Reinheit zukommt, Kleider und Härenes und Häute, sollen gewaschen werden ..., aber alle Geräte aus Tonerde sollen zerbrochen werden, denn unrein sind sie und werden nicht wieder rein für immer." (Vgl. dazu erneut 4. Mose 19,11ff. mit 3. Mose 11,32ff.)

a) Lesen Sie Markus 7,1-8 und erhellen Sie den rabbinischen Hintergrund!

53. Aus: Die Tempelrolle vom Toten Meer. Übersetzung von Johann Maier. UTB. 829. München, 1978, S. 51f. (Kol. 49,11-16; 50,17-19).

b) Vertritt Jesus eine antirabbinische Position?
c) Lesen Sie den sog. "Fünften Weheruf" Jesu gegen die Schriftgelehrten und Pharisäer Matthäus 23,25f. und seine Parallele Lukas 11,39-41: Welche Version erscheint Ihnen "authentischer"?
d) Wie könnte die *Halacha*, auf die sich Jesus hierbei bezieht, gelautet haben?
e) Erklären Sie folgende Mischna-Sätze samt *Gemara*-Ausschnitt, der die pharisäische Reinheitsdiskussion vor dem Jahr 70 n. Chr. widerspiegelt:

M Kel XXV,1: Alle Geräte besitzen eine Außenseite und eine Innenseite.
M Ber VIII,2: Die Schammai-Schule sagt (hinsichtlich des Segensspruches über den Wein *[Kiddusch]* vor der Mahlzeit): "Man wäscht (zuerst) die Hände und danach schenkt man den Wein in den Becher." Jedoch die Hillel-Schule sagt: "Man schenkt (zuerst) den Wein in den Becher und danach wäscht man die Hände."
p Ber VIII,2,12a: Welches ist die Begründung der Schammai-Schule?: Damit nicht die Flüssigkeit, die auf der Außenseite des Bechers ist, durch jemandes (unreine) Hände verunreinigt wird und infolgedessen die (Innenseite) des Bechers verunreinigt. - Welches ist die Begründung der Hillel-Schule?: Grundsätzlich ist die Außenseite des Bechers (als) unrein (anzusehen).
M Kel XXV,6: (Von einem) Gefäß, dessen Außenseite durch (unreine) Flüssigkeit unrein geworden ist, ist (nur) seine Außenseite unrein. Seine Innenseite (aber bleibt) ... rein. Ist (hingegen) seine Innenseite verunreinigt worden, ist er (der Becher) insgesamt unrein geworden.

Welcher Schule würden Sie Jesus zuordnen?
f) Ist Jesus eher als Halachist (Verfechter der *Halacha*) oder als Haggadist anzusehen?

Kapitel 9: Schlußbetrachtung - Geheiligtes Diesseits jenseits der Zeit

Wir wollen in diesem letzten Kapitel noch einmal Reflexionen über den ungeschriebenen, weißen Talmud-"Brief" anstellen, den wir ausschnittweise zu lesen versuchten. Auch wenn wir vielleicht manchmal meinten, diesen zentralen Lern- und Lehrstoff, der die Grundlage für nunmehr fast zwei Jahrtausende Judentum bildet, zumindest in gewissen Abschnitten nach kurzer Zeit begriffen zu haben, so dauert es doch ohne Übertreibung ein Leben, um tatsächlich seinen Sinn und Hintersinn zu erhellen. Unsere Auseinandersetzung mit diesem normativen Dokument, das der mündliche Teil der göttlichen Tora zu sein beansprucht, konnte darum nicht mehr bezwecken, als ein Problembewußtsein zu bilden und zu eigenständiger, lebenslanger Weiterarbeit einzuladen. Wir haben zumindest gespürt, daß es dem Talmud um die Heiligung des Landes und Volkes Israel für den Gott Israels zu tun ist, daß es auch bei der Behandlung augenscheinlicher Randthemen und von ganz Banalem um die Heiligung des Lebens in seinen vielfältigen Facetten geht.

Um noch einmal unter jenem Aspekt der Heiligung die sechs Talmud-Ordnungen zu rekapitulieren:

- Separat als programmatischer Auftakt zu werten ist der erste Traktat *Berachot*, der die Beziehung Mensch - Gott in der Hingabe *(Kawwana)* beim Gebet entfaltet.
- *Seder* I nimmt Israel als Verwalter des Heiligen Landes in die Pflicht. Wie wird die Ernte - durch Abgaben - geheiligt, wie des bedürftigen Mitmenschen gedacht?
- *Seder* II widmet sich den regelmäßigen, heiligen Festzeiten, die eine besondere Zurüstung und Heiligung des Volkes erforderlich machen.
- *Seder* III thematisiert im Blick auf Frau und Familie den Vollzug der Heiligung *(Kidduschin)* durch die Eheschließung.

- *Seder* IV gewährleistet die Heiligung des sozialen Gefüges durch Schaffung eines ökonomischen Status quo und durch die Bildung rechtsschützender Institutionen.
- *Seder* V ist an der Aufrechterhaltung der Tempel-Heiligkeit und am heiligen Opferdienst interessiert.
- *Seder* VI überträgt jene kultische Heiligkeit auf das Alltagsleben und warnt vor den Quellen von Unreinheit und Profanisierungsgefahr.

So verwirklicht sich Heiligung für jedermann im kleinsten Detail, sei es, daß man bestimmte Früchte absondert oder überhaupt nicht erntet, sei es, daß man richtig feiert oder in ritueller Reinheit speist. Exemplarisch die Sabbat-Heiligung: Weltlichen, materiellen Angelegenheiten kann man sechs Tage lang nachgehen, aber sie dürfen die zeitliche wie räumliche Grenze des siebenten Tages nicht überschreiten. Israel kannte heilige Bezirke wie den Tempel; doch sie waren zerstörungsanfällig. Hingegen entwirft der Sabbat ein geistiges Heiligtum in der Zeit, das niemand zu beseitigen vermag. Er entfaltet die Vision einer friedvollen, harmonischen Welt, die immerwährender Sabbat, voll der Heiligkeit Gottes, ist. - Auf welche Weise leistet nun der Talmud seinen Beitrag zur Heiligung des Lebens?

9.1 Ordnung muß sein

Nichts ist dem Talmud mehr abhold als Unordnung, gleichzusetzen mit Chaos, während Ordnung gleichbedeutend mit Stabilität, Verläßlichkeit, Sinn, Heiligkeit ist. Darum liefert er unzählige Bausteine, um das Weltgefüge zu stabilisieren und das Individuum wie das Volk als Ganzes in das universale, kosmische Ordnungsgefüge einzubinden. Der Talmud ist beständig auf der Suche nach einer heilen Welt, die (der Fiktion) der uranfänglichen göttlichen Schöpfungsordnung entspricht. Er versteht sich als Hilfsmittel zur Restitution der Schöpfung, als Wiederbringung jenes "Und siehe, es war sehr gut" (1. Mose 1,31), und möchte seine Gegenwart nach jenem Ideal der paradiesischen Urzeit prägen. Wir befinden uns gleichsam am Vorabend der endgültigen Heiligung dieser Welt.

Jene Sinn- und Ordnungssuche kommt allein schon in der Sprach- und Formstruktur des Talmuds zum Ausdruck (s. a. Kap. 1.1). Sie ist Widerspiegelung von Zeit- und Ortsungebundenheit, d.h. auf Dauerhaftigkeit und Übertragbarkeit auf andere Zeitläufte angelegt. Summarische Passagen, katalogartige Aufzählungen, Schwarz-Weiß-Kontrastierungen, monotone Wiederholungen fördern einerseits die Einprägsamkeit des Gesagten; andererseits verstärken sie den Eindruck von Regelmäßigkeit, Voraussagbarkeit, und stellen Verbindungslinien, Parallelen, zwischen unterschiedlichen Dingen oder Phänomenen her. Wir haben bereits öfter vermerkt, daß der einzelne Rabbi zumeist völlig hinter seiner Botschaft zurücktritt und man ihn wohl nie aufgrund seiner Wortwahl oder Formulierungskunst identifizieren könnte. Der persönliche Stil ist aufgegeben zugunsten einer Uniformität sondergleichen; ebenso läßt sich kaum älteres, übernommenes Gut von seiner späteren Rahmung ablösen. Exegetisch gesprochen: Das Endredaktorenteam hat ganze Arbeit geleistet. Doch seine Intention durch jenes formalisierte Denken und Sprechen ist, ein vollendetes, logisches System zu kreieren, das Rückschlüsse auf die unveränderlichen, beständigen Strukturen hinter den Wechselfällen des Lebens erlaubt. Sprach- und Textmuster sind nämlich so aufgebaut, "daß die Grenzen eines Themas mit denen der formalen Struktur übereinstimmen"[54], m.a.W., daß die Sprache Verstand und Gehör für das schärft, was unter der Oberfläche verborgen liegt und nicht gesagt ist.

Das Streben nach Einheit und Geschlossenheit führt zur logischen Deduktion detaillierter Regeln ("dies ist die Regel"), Regularien, leitender Prinzipien und Sonderfälle, die zeigen sollen, was die Welt im Innersten zusammenhält. Thematische Engführung darf es dabei nicht geben, denn das Ordnungsgefüge hätte ja keinen Bestand ohne seine Einzelteile, Peripherie und seinen Rahmen. Darum müssen möglichst alle störenden Eventualitäten einkalkuliert und ausgeschaltet werden, wie uns die Erwägungen über Wiesel und Maus zu *Pesach* beispielhaft vor Augen führten. Auch muß zwecks tunlichster Vermeidung von Konfusion permanent

54. Jacob Neusner: Das pharisäische und talmudische Judentum. Neue Wege zu seinem Verständnis. Tübingen, 1984, S. 130.

kategorisiert, klassifiziert und definiert werden: Ab wann sind Honigwaben als Flüssigkeit anzusehen? Wo endet das Heilige und wo beginnt unreines Land? Wie ist bei der Terminkollision von Sabbat und Passa zu verfahren? Unterliegt Hähnchenfleisch der Milch-Fleisch-Trennungsvorschrift? Wie ist die Verhältnisbestimmung von äußerer und innerer Gefäßwand betreffs Verunreinigungsfähigkeit? Ungeklärte "Grauzonen" (s. Traktat *Demai*, "Zweifelhaftes"), unerlaubte Vermischungen (z.B. von Pflanzen und Tieren) oder Verbindungen unterschiedlicher Kategorien könnten den Einbruch des Chaoszustandes wie vor der Schöpfung zur Folge haben. Wie schnell geriete der Heiligungsprozeß außer Kontrolle!

Allein in der Macht des gläubigen, Tora-kundigen Menschen steht es, die Ordnung zu bewahren. Ihm obliegt es, Prinzipien aufzustellen, Analysen vorzunehmen oder Synthesen zu finden. Da die Tora zeigt, wie die Dinge sein sollen, und den ordnenden Willen des Schöpfers offenlegt, vermag der Mensch *via* Tora-Studium Gottes Pläne zu erfassen und zur Heiligung zu gelangen. "Der gläubige Jude stellt die Projektion des Göttlichen auf Erden dar."[55] Der Mensch als Gottes Gegenüber kann aufgrund seines freien Willens und durch seine freie Tat über die Beschaffenheit der Schöpfung befinden. Im Bilde Gottes erschaffen, kann er allen Dingen einen Namen geben, sie sich untertan machen, ihre Einheit in der Vielfalt entdecken, Profanes in Heiliges verwandeln. Und Gott? Unterwirft er sich nicht der Macht und der Logik des menschlichen Geistes? Er sanktioniert eine *Ketubba* oder einen *Get;* er akzeptiert das mehrgradig differenzierte Unreinheitssystem oder die als Zehnten abgesonderte Erntegabe. Israel als Kollektiv hat es durch die Beobachtung eines einzigen Sabbats genau nach den Vorschriften der Tora in der Hand, ob die messianische Erlösung sofort anbricht oder nicht. Tora-Observanz als Garant der Erlösung! Dabei ist nicht erst die Tat des Menschen von Gewicht, sondern allein schon seine Absicht. Wer Böses gegen seinen Bruder sinnt, hat ihn längst getötet (Matthäus 5,21f.) und das Weltgefüge destabilisiert. Die bloße Intention läßt je-

55. Jacob Neusner: Torah und Messias - Versuch einer Interpretation der Geschichte des Judentums. Jud. 33. Basel, 1977, S. 121.

manden bereits zum Sabbatbrecher werden. Die Früchte, die man den Priestern als Hebe zu geben beabsichtigt, sind ab jenem Zeitpunkt heilig und für profanen Genuß verboten. Übergibt man dem Priester ein Tier zu einem bestimmten Opferzweck und er bringt es mit dem Gedanken an irgendein anderes Opfer dar, so ist dieses untauglich. Und wie gesagt: Gott stellt sich hinter jene Entscheidungen und straft ihre Nichtbeachtung mit der Ausrottungsstrafe.

Natürlich ist zu diesem Ordnungsentwurf kritisch anzufragen, ob er mehr als eine reine Utopie darstellen kann. Wenn Israels Ultraorthodoxe heute durch politische und gesellschaftliche Einflußnahme jenes Ideal- in ein Realbild umprägen wollen, droht die Gefahr eines religiösen Totalitarismus. Sie verkennen, daß das talmudische System gerade die *innere*, an Verstand und Imagination appellierende Welt anspricht, doch der äußeren Realisierung für eine konkrete Zeit und Gesellschaft nicht gerecht werden kann. Das bedeutet nicht, daß der Talmud wirklichkeitsfern für eine Insel der Seligen konzipiert ist, sondern daß er umgekehrt Lösungsmodelle für instabile, unbeständige Zeiten, sozusagen einen Anker im stürmischen Meer, anbietet. Er entstand auf dem Hintergrund der Tempelzerstörung, die als ein Weltuntergang *en miniature* erfahren und als drohender Rückfall ins Chaos empfunden wurde. Jenen Tag der Verzweiflung und Niedergeschlagenheit, der die Vernichtung von praktisch einem Jahrtausend israelitischen Lebens bedeutete, konnte der Talmud glaubens- und frömmigkeitsformend für die Zukunft dadurch überwinden helfen, daß er Verläßlichkeitsdenken propagierte, Hoffnung auf eine stabile Lebensordnung stärkte und dadurch zur Konfliktbewältigung beitrug. Sicher ist er als individuelle Handlungsordnung tragfähig, als kollektives (Staats-)Gesetz aber untauglich. Gleiches gilt im Blick auf die schriftliche Tora.

9.2 Tora - Talmud: Offene Zweierbeziehung

Menschlicher Intellekt und Logik sind nicht nur für die Erforschung und Systematisierung der Lebensvollzüge, sondern genauso für die Ergründung der Intention der schriftlichen Tora erforderlich; an Hillels Auslegungsverfahren sei erinnert (s. Kap.

4.2). Auch hierbei räumt Gott dem Menschen freien Interpretationsspielraum ein und muß dann sogar seine Widerlegung in Kauf nehmen: "Meine Kinder haben mich besiegt." (b BM 59b) Es ist daher wichtig, daß wir nun die Frage nach dem Verhältnis Bibel - Talmud stellen. Obwohl die Rabbinen über ein reiches Erbe an gesetzlichen und ethischen Traditionen verfügen (s. etwa die Eheurkunde aus der Gemeinde von Elephantine Kap. 5.1 oder die von den Qumran-Essenern aufgestellten Rein-/Unreinheitsbestimmungen Kap. 8.3), bildet allein die Schrift für sie den entscheidenden Gesetzeskodex, der freilich für weitere Entfaltung und Präzisierung offen ist. Daß im Blick auf die Tora keine Rede sein kann von *dem* jüdischen Gesetz, beweist der divergierende Umgang mit ihr in pharisäischen und sadduzäischen Kreisen im 1. Jhdt. n.Chr., doch immerhin ist bereits das Neue Testament ein Zeugnis dafür, wie sich der lange Prozeß halachischer Diskussion über die Tora zu verfestigen beginnt. Die rabbinische Sammlungs- und Entscheidungsweise markiert schließlich einen trotz immer wieder greifbarer Anlehnung an die Schrift recht souveränen, eigenständigen Abschluß. Die 63 Traktate könnte man hinsichtlich ihrer Tora-Abhängigkeit in drei Gruppen aufteilen:

a) Tora-konforme Traktate: Sie wiederholen lediglich in eigenen Worten biblische Bestimmungen, vertiefen und vervollständigen sie für die gewandelte Praxis oder graue Theorie. Hierzu zählen die tempelorientierten Traktate des II. und V. *Seder* oder einige der VI. Ordnung, die Unreinheitsfragen behandeln (*Nega'im* nach 3. Mose 13f.; *Nidda* nach 3. Mose 15).
b) Tora-unabhängige Traktate mit allenfalls äußerst losen Verbindungslinien: Ihre Problemstellung deckt sich nicht mit der biblischen. Man denke gleich an den ersten über korrektes Beten, *Berachot*, ferner an *Demai*, "Zweifelhaftes", *Baba Batra* mit Fragen der Transaktion von Grundbesitz, *Ketubbot* über die Hochzeitsverschreibungen oder an *Jadajim* vom rituellen Händewaschen.
c) Traktate, die zwar explizit an bestimmte Tora-Verse anknüpfen, aber eine unerwartet freie Entfaltung jener Gedanken bieten: Wir erinnern uns an *Pea*, der ausgehend von 3. Mose 19,9f. eigenständig das Armenrecht festlegt, an *Gittin*, der die

Scheidebriefpraxis unter Hinweis auf 5. Mose 24,1ff. etabliert, oder an *Makkot*, der die Prügelstrafe frei nach 5. Mose 25,1-3 sanktioniert.

Anhand des von uns zuletzt behandelten Traktates *Kelim,* der der dritten Gruppe zuzuordnen ist, läßt sich exemplarisch die Bindung an und die Freiheit von der Tora verdeutlichen: Wir finden wenig biblische Anhaltspunkte (3. Mose 6,20f.; 11,29ff.; 15,9-12; 4. Mose 19,14f.; 31,19-24). Zudem engt die schriftliche Tora deren Gültigkeit auf den Kult und weitestgehend auf die Priesterschaft ein. Pharisäer und Schriftgelehrte hingegen plädieren für eine allgemeine Geltung: Volk - Land - Tempel bilden jetzt die sich der Reinheit befleißigende Trias. Die Rabbinen knüpfen an diese demokratische Öffnung jener Bestimmungen weg vom Opferdienst hin zum häuslichen Privatbereich an und verbinden ihre Neuerungen (teilweise recht künstlich) mit den kargen Angaben der Tora: also weniger Exegese als "*Eisegese*", ein In-die-Schrift-Hineininterpretieren. Kann man beispielsweise noch 3. Mose 11,33 entnehmen, daß unrein gewordene Tongefäße zu zerbrechen sind, postulieren die Weisen der Jabne-Ära (70-130 n. Chr.), daß auch ein Geräte-Bruchstück bei einer bestimmten Mindestgröße fernerhin für Unreinheit empfänglich ist (M Kel II,2). In der Uscha-Periode (130-160) ist man wieder weiter von der Tora-Basis entfernt, wenn man fragt: Kann ein zerbrochenes Gerät noch eine sekundäre Funktion erfüllen, auch wenn es seiner ursprünglichen Bestimmung nicht mehr nachkommen kann? Dann nämlich bleibt es immer noch für Unreinheit empfänglich. Oder: Läßt sich ein Gerät durch bloße Absichtserklärung oder nur durch eine Tat für Unreinheit unempfänglich machen? Die Amoräer der babylonischen *Gemara* schließlich (ab 200 n. Chr.) versuchen, durch gewagte Interpretationen zur Tora zurückzufinden; davon zeugte unser Übungsbeispiel mit dem vierfachen Sinn von "Inneres (eines Tongefäßes)" (b Chul 24b/25a; s. o. Kap. 8.2). *Fazit:* Wir registrieren eine Entwicklung weg von und doch immer wieder auch hin zur Tora. Das dritte Mosebuch nennt Quellen von Unreinheit und Arten der Reinigung, *Kelim* stattdessen die für jene empfänglichen Gegenstände des normalen Lebens. Während 3. Mose nur den Kult im Blick hat, spricht *Kelim* den säkularen Bereich an usw. D.h., der Talmud komplettiert die

schriftliche Tora, bleibt aber ein selbständiges, von ihr unabhängiges Produkt. Ohne die mündliche wäre die schriftliche Tora einseitig und unvollständig. Die mündliche sorgt sozusagen erst für das richtige "Gleichgewicht", weshalb in unserem Fall 3. Mose die eine Tora, *Kelim* die andere Tora konstituiert.
Aus diesem Blickwinkel heraus läßt sich die These, daß der Talmud der Schrift unterzuordnen sei und lediglich die ihr nachgeordnete Tradition bilde, nicht halten. Er ist zwar in erwähnten Gruppen a und c nicht ohne Bibel verstehbar und oft sogar unmittelbares Produkt von Schriftauslegung, doch darf andererseits nicht übersehen werden, daß er einen recht freien Umgang mit der Tora pflegt, sich korrelativ zu ihr verhält und sie nicht selten ersetzt. Manchmal kann man mit großer Sicherheit annehmen, daß zuerst die rabbinischen Gesetze formuliert und im nachhinein einer bestimmten Schriftstelle eingepaßt wurden. Warum sollte eine Handvoll Verse des 3. und 4. Mosebuches einen solch voluminösen Traktat wie *Kelim* hervorgebracht haben? Eher ist eine weitgehend autonome Entstehung anzunehmen. Generelles Indiz hierfür ist der permanente Versuch der *Gemara*, biblische Belegtexte zwecks Stützung und Begründung der Mischna nachzuliefern. Erst die Amoräer bemühen wirklich David, die Propheten oder die Psalmisten, betreiben Exegese, um M der Schrift kongruent zu machen. Wie oft lesen wir darum bei G: "Woraus (ist dies zu folgern)?", "wie gesagt wird", "wie geschrieben steht", "heißt es nicht auch ...?"! So erklärt G, warum M-*Berachot* mit dem Abend- und nicht mit dem Morgen-*Schma*' beginnt (s. Kap. 1.6), weiß die Fruchtbarkeit des Landes Israel gesamtbiblisch zu unterstreichen (s. Kap. 3.2), präsentiert neben der halachischen M-Auslegung der Ehescheidungspassage 5. Mose 24,1ff. als Korrektiv die haggadische des Scheidungsverbotes nach Maleachi 2,13f.16 (s. Kap. 5.3), weiß in Einklang mit M die Hinrichtung beider Falschzeugen aus der Tora abzusichern (s. Kap. 6.2) oder das Verbot der strikten Trennung von Fleisch und Milchigem zu untermauern (s. Kap. 7.3). Zumindest die *Gemara* tritt also für eine Harmonisierung zwischen Tora und Mischna ein.
Nichtsdestotrotz bleibt festzuhalten, daß der Talmud neue Konzepte bietet und andere Akzente als die Tora setzt. Er ist mehr als

bloßer Erfüllungsgehilfe. Er imitiert von vornherein nicht die Sprache der Bibel, wie dies die Qumran-Essener tun, sondern entwickelt sein eigenes Hebräisch (in M) bzw. spricht die aramäischen Dialekte seiner Zeit (in pT/bT). Er gaukelt nicht wie apokryphe oder pseudepigraphische Werke die Autorenschaft eines Abraham, Mose, Elia oder einer anderen biblischen Größe vor, um sich mit fremder Autorität zu schmücken, sondern beruft sich auf eine Unzahl von Weisen, die sonst nirgendwo mehr Erwähnung finden. Im besonderen in seiner zurückhaltenden Zitation und eklektischen Auswahl aus der Tora erweist sich der Talmud quasi als "eine zweite Bibel". Mittels seines selektiven Eingehens auf die Schrift zeigt er seine Freiheit und seine Prioritätenraster auf. Die Antwort auf die Frage, aus welcher Vollmacht heraus er dies tut, läßt sich unter Verweis auf seine Entstehungszeit geben: Seine Verfasser treiben andere Fragestellungen um, als sie biblische Zeitgenossen bewegten. Sie forschen subjektiv in der Schrift, um Lösungen auf drängende Tagesfragen zu finden. Von daher kann man ihre Schriftauslegung nicht mit der exegetischen Methodik der Neuzeit vergleichen wollen, denn sie setzen den Text immer in Beziehung zu ihrer Gegenwart, die sie anachronistisch in biblischen Tagen zu entdecken wähnen. Sie identifizieren nach eigenem Ermessen ihr Heute mit dem Damals. Es ist rabbinische, nicht biblische Weltanschauung, die sich im Talmud artikuliert; es ist sein Gesetz und sein Recht, das er aufrichtet, nicht die Abschrift des biblischen; es ist sein Programm, das er verfolgt und für das er nach einer Tora-Basis fragt. Kurzum: Nur insofern die Schrift seine System- und Ordnungstreue wahrt, ist sie für ihn relevant; ansonsten beschreitet er - siehe die Traktate in Gruppe b - seine eigenen, Tora-unabhängigen Wege, konstituiert selbst Tora und versteht sich als die weitergehende Offenbarung vom Berg Sinai. - Widmen wir uns abschließend noch dem talmudischen Zeitverständnis:

9.3 Das Leben muß ja weitergehen

Der gravierendste Unterschied zwischen Schrift und Talmud, aber auch zwischen Neuem Testament und Talmud liegt in der unterschiedlichen Zeitauffassung. Die Tora erzählt Geschichte in Form von Geschichten. Selbst die gesetzlichen Passagen der fünf

Mosebücher sind in einen Erzählrahmen gestellt, beispielsweise: "Der Herr sprach folgendes zu Mose und Aaron im Land Ägypten: ..." (2. Mose 12,1), woran die Bestimmungen zur sachgemäßen Zubereitung eines Passalammes anschließen. Keines der niedergeschriebenen Ereignisse ist zufällig, sondern enthält eine zu entdeckende Bedeutung, sei es eine göttliche Botschaft, sei es göttliches Offenbarungshandeln. Die Schreiber der Bibel protokollieren, wie Situationen oder Dinge waren, um den Lesern vor Augen zu führen, wie sie jetzt sind bzw. sein werden. Denn alle Geschichte drängt nach vorn und besitzt eine teleologische, d.h. auf ein Ziel und Ende ausgerichtete Dynamik. Eschatologisch und apokalyptisch orientierte jüdische Strömungen in vorchristlichen Tagen verstärken diese Erwartung eines Endes der Zeiten, des Abschlusses der Geschichte und halten Ausschau nach einer besseren (jenseitigen) Zukunft. Messianische Hoffnungen, wie sie dann das junge Christentum teilt, tragen das Ihre dazu bei. Man beachtet genauestens die Zeichen der Zeit und wertet Krieg und Frieden, den Aufstieg und Fall von Nationen, generell alle welt- und volkerschütternden Widerfahrnisse, als Indikatoren des nahen Endes. Das erwartete Heil des Messias wird etwas Endgültiges, Universales sein, jener *Schalom*-Zustand die gesamte Welt tangieren bzw. diese alte, untergehende Welt transzendieren. Es gab und gibt immer wieder christliche Eiferer, die dieser Welt entsagen und den reinen, geistigen Bereich des Göttlichen durch ein asketischen Leben hinter Klostermauern oder auf Bergeshöhen wenigstens innerlich-mystisch zu erfahren streben. Für jene sind natürlich das messianische Reich und der Endzeitfrieden "nicht von dieser Welt".
Dem steht rabbinisch-talmudisches Denken diametral gegenüber. Wie bereits angedeutet (s. Kap. 1.2), gibt es sich geschichtsdesinteressiert. Man lebt - trotz, ja vielleicht gerade aufgrund der erfahrenen aufwühlenden Ereignisse, beispielsweise des folgenreichen Unterganges des falschen Messias Bar Kochba (135 n. Chr.) - zeitlos, jenseits der Geschichte. Es ist - im Unterschied zum Alten Testament - kein teleologisches, vielmehr ein zyklisches Daseinsverständnis. Man folgt dem Kreislauf der Jahreszeiten, in denen die Feste ihren fixen Ort haben; man orientiert sich von Sonnenuntergang zu Sonnenaufgang und legt

die täglichen Gebetszeiten fest. Das gesamte Leben des einzelnen mit seinen *Rites de passage* ("Übergangsriten") von Geburt über Beschneidung und Hochzeit bis zum Tod wird in den allgemeinen Rhythmus von Werden und Vergehen eingebunden und entsprechend strukturiert, wobei gerade den die Ordnung bedrohenden Nahtstellen (etwa Menstruation, Leichenunreinheit) höchste Aufmerksamkeit gezollt wird. Die kleine, innere, introvertierte Welt des Talmuds bildet das gewöhnliche, voraussehbare Auf und Ab des Lebens fernab von Weltgeschichte und Welterschütterndem. Das Leben muß weitergehen, lautet die talmudische, überlebensstrategische Devise. Weil es ihnen um die Bewahrung des Status quo zu tun ist, reden die Gelehrten mit Vorliebe im Präsensstil; sie interessiert nur, wie eine Situation oder Ding jetzt ist, nicht aber wie sie/es einmal sein könnte. Darum statuieren sie Fakten, zählen Wiederkehrendes, sich Wiederholendes auf, beschreiben Ausnahmeerscheinungen und legen Wert auf Ritual und Zeremoniell. Aber sie erzählen wenig und wenn, dann meist nur Rabbinen-Biographisches, also Persönlich-Individuelles. Die große Geschichte setzen sie stillschweigend voraus, aber thematisieren sie nicht, denn sie würde ja nur für Wechsel, Zäsuren und Unterbrechungen sorgen und das bruchlose, von Kontinuität bestimmte, geordnete Welt- und Zeitverständnis der Gelehrten stören. Darum suchen wir Traktate, die sich mit so nachhaltigen Fakten wie der Tempelzerstörung oder der Bar-Kochba-Revolte befassen, vergeblich. Der Talmud präsentiert über den Tag X hinaus gültige Lebensmuster; Singuläres wird vom Immergültigen absorbiert, Tagesfragen zugunsten überzeitlicher Ansprüche zurückgedrängt. Für die Rabbinen besteht die wirkliche Geschichte in immerwährender Gegenwart, in einer Gesellschaft, die dem Wechsel und dem Chaos enthoben ist. Verständlich, daß in diesem fast mythisch zu nennenden Entwurf einer unveränderlichen Seinsweise im Hier und Jetzt der Gedanke an die "Letzten Dinge" nur marginale Bedeutung hat - im Gegensatz zu den alttestamentlichen Propheten und Apokalyptikern. Die Erwartung des Messias oder der Auferstehung der Toten (s. o. Kap. 7.2) findet lediglich Eingang in haggadisches Material, bleibt aber halachisch-normativ außen vor. Nicht das endzeitliche Heil ist wichtig, sondern der Heiligungsprozeß im

Heute; nicht der Drang, den Weltengrund zu erforschen und über Jenseitiges zu spekulieren, leitet die Rabbinen, sondern das Bemühen, Formen des Miteinanders in dieser Welt zu finden. Mensch, Natur und Kreatur gilt es in eine harmonische, schöpfungsgemäße Beziehung zueinanderzubringen - und natürlich muß der Mensch mit Gott ins reine kommen. Man sucht nicht in weltflüchtiger Manier eine neue Welt, sondern macht sich für die Erneuerung der alten stark. Noch einmal: Talmudisches Judentum fühlt sich dem Heute verpflichtet, lehrt - ähnlich dem Johannesevangelium - eine Art präsentischer Eschatologie, indem es die Treue zur Tora und zu den *Mizwot* als Mittel der Heiligung der Gegenwart betrachtet, aber teilt nicht die auf irgendein Jenseits ausgerichtete christliche Erwartung. In der "Mitte der Zeit", gefüllt mit Tora, begegnen sich Vergangenheit und Zukunft. Selbst ein nach Jerusalem ausgewanderter Jude spricht am *Pesach-Seder*-Abend den Wunsch aus: "Nächstes Jahr in (dem wiedererbauten) Jerusalem". Die erfüllte Gegenwart setzt dem Vorher-Nachher-Denken ein Ende.

Über den Schauplatz jenes Stillebens, jener perfekten, zur Ruhe gekommenen Welt, haben wir des öfteren gehandelt. Es ist der banale Alltag, das Heim, die Familie, der Sabbatweg, der Markt, das Feld, Jerusalem, allenfalls das gesamte Heilige Land. Diese bescheidenen Dinge des Lebens werden mit dem Anspruch der Heiligkeit konfrontiert; das Ewige bricht über sie herein. Einzig in diesem Bereich innerer Autonomie - nicht im öffentlichen, politischen Leben - läßt sich der neue Lebensstil, die Alternative zu hochfliegenden messianischen Erwartungen, verwirklichen. Der "halachische Mensch" zieht Gott in sein Diesseits hinein, bringt den Himmel auf die Erde: das einstige Heiligtum als Archetyp jedes Haushaltes, Ewigkeit im Hier und Heute, Heiligung jedes Winkels und jeder Ritze der eigenen vier Wände. Dort gibt es keinen Profanbereich, weder im Schlaf- noch im Badezimmer. Das ist rabbinische Weltanschauung: Nicht dieser Welt entkommen, sondern den persönlichen Lebens- und Arbeitsbereich heiligen; nicht zu Gott aufsteigen, sondern Gott in den Alltag hineinnehmen, die Ewigkeit in die Zeit, in jeden Moment und Aspekt der eigenen Existenz einströmen lassen und somit zu Schöpfungsruhe und -frieden dieser Welt beitragen.

Wie man mit den menschlichen Bedingtheiten umgehen soll, illustriert folgender chassidischer Kurzdialog: Ein *Chassid* (Frommer) wird nach dem Tod seines Lehrers gefragt, was denn wohl für jenen das Wichtigste im Leben gewesen sei, worauf der Schüler entgegnet: "Das, womit er sich gerade abgab." Martin Buber dazu:[56] "In jedem Augenblick hat jeder Mensch einen echten Zugang zum Sinn des Daseins: eben das, womit er sich gerade, im natürlichen Gang seines Lebens, jetzt und hier abgibt." Der Talmud lehrt uns (nach 2. Mose 24,7; vgl. Kap. 1.2), daß zuerst das Tun, sodann das Hören erfolgen muß - nicht umgekehrt. Denn allein aus unserem Tun erwächst der Sinn des Lebens. Das nachfolgende Hören, das Studieren von Tora und Talmud, ist freilich auch nicht zu unterschätzen, denn es hilft, die letzte zeitliche Zäsur des Lebens zu überwinden: den Tod. Laut b AZ 5a haben nämlich die Israeliten die Tora nur deshalb angenommen, damit der Todesengel sie nicht hole. Als Rab Aschi, der neben Rabina Endredaktor des Talmuds ist, dem Todesengel begegnet, der ihn im Alter von 92 Jahren "heimzuholen" kommt, erbittet er noch einen Monat Zeit, "damit ich wiederholen kann, was ich gelernt habe", die ihm der göttliche Bote tatsächlich gewährt. Tora-/Talmudstudium bedeutet darum: den Tod besiegen. Aber das ist schon wieder im "weißen Feuer" zwischen den Zeilen gelesen und fromme *Haggada*.

56. Das Judentum und die neue Weltfrage. In: Der Jude und sein Judentum. Gesammelte Aufsätze und Reden. Köln, 1963, S. 236.

Lösungshinweise

Zu Kap. 1, S. 30f.:
(a) Die Rabbinen sind nicht uneins über die Frage "von wann an ...?", sondern *bis* wann das Abend-*Schma'* gebetet werden darf. Am strengsten urteilt R. Eli'ezer, der es bis zum Ende der ersten Nachtwache (d.h. um 21 oder 22 Uhr) gesprochen haben möchte. Am liberalsten gibt sich R. Gamli'el, der es bis zum Morgengrauen ("Säule" meint das Aufstrahlen der Morgenröte), etwa eineinviertel Stunden vor Sonnenaufgang, gestattet.
(b) Zweifellos müssen sich bei einer solchen Kontroverse die Einzelstimmen der Rabbinen-Mehrheit, die die Mittelposition "bis Mitternacht" vertritt, fügen. In unserem Fall ist freilich "bis Mitternacht" im Sinne Gamli'els zu verstehen, der hinter dem Wortlaut die wirkliche Absicht der Rabbinen ("bis zur Morgenröte") eruiert und sich darum mit ihnen einer Meinung wähnt. Fazit: Das Abend-*Schma'* darf zwischen Sonnenuntergang und Morgendämmerung gelesen werden.
(c) Indem die Haggada [V] einen Präzedenzfall schildert, dient sie der Konkretion und der Entscheidungsfindung. Falls man das *Schma'* aus irgendwelchen Gründen bis Mitternacht versäumt hat, kann man es bis zum Morgen nachholen. Sie vermittelt - wie dann [VII] verdeutlicht - ferner zwischen der Ansicht der Weisen und der Gamli'els: Die Rabbinen haben "bis Mitternacht" aus vorsorglichen Gründen (Vorsichtsmaßregel) geboten, damit man nicht das *Schma'* unnötig hinausschiebt und dann möglicherweise vergißt. Dennoch ist es an und für sich bis zum Morgen erlaubt.
(c) Die Abschweifung (Digression) [VI] verallgemeinert Gamli'els Interpretation, daß - wenn die Weisen "bis Mitternacht" sagen - damit eigentlich "bis Morgen" gemeint sei, auf analoge Fälle. Was hinsichtlich des *Schma'* festgestellt wurde, gilt folglich ganz allgemein als Norm für andere Sachverhalte. Offensichtlich an die Tempeldienst-Thematik von [I] anknüpfend, werden zwei Beispiele aus der Opferpraxis (Brand- und Schlachtopfer) angeführt. Überall wo dazu die Tora "bis zum Morgen" befiehlt (etwa

3. Mose 7,15; 22,30), haben die Weisen aus erwähnter Befürchtung heraus, man könne den Termin verpassen, "bis Mitternacht" angeordnet.

(e) Da die namentlich genannten Rabbinen um 100 n. Chr. wirkten und diese Mischna gar erst um 200 n. Chr. ihre jetzige Ausformung erhielt, wird hier künstlich die Erinnerung an den ab 70 n. Chr. nicht mehr möglichen Tempelopferdienst aufrechterhalten. Priesterliches Handeln am Heiligtum dient als Vorbild für die jedermann gebotene *Schma'*-Rezitation zu Hause. Vor allem auch [VI] läßt das *Schma'*-Gebet als Opfer-Äquivalent erscheinen. Demnach geht es den Rabbinen nicht um die Wiederherstellung des Tempels[57]; ihr neuer "Tempel" verwirklicht sich im heiligen Alltagsleben; an die Stelle der Tieropfer ist das Opfer der Lippen (d. h. das Gebet) getreten. Zwischen vergangener und gegenwärtiger Gottesdienstpraxis besteht gar keine Zäsur. Ein Stück weit wird die Geschichte sogar umgeschrieben: Die Rabbinen haben festgelegt, wie das "bis zum Morgen" der priesterlichen Opferbestimmungen damals auszulegen war. Zumindest beanspruchen sie jetzt die Autorität der Priester.

(f) Erst die *Gemara* zitiert in ihrer zweifachen Antwort auf die Doppelfrage explizit die Tora. Mittels des *Schma'*-Verses 5. Mose 6,7 lassen sich bereits beide Fragen beantworten: Von wann an? - Beim Sich-Niederlegen. Warum wird zuerst nach dem Abend-*Schma'* gefragt? - Weil es dort zunächst heißt: "wenn du dich niederlegst" und daran das Aufstehen, d. h. der Zeitpunkt des Morgen-*Schma'*, anschließt. Eine zweite Antwort auf letztere Frage erfolgt unter Hinweis auf 1. Mose 1,5: Aus jüdischer Sicht beginnt ein neuer Tag immer am Abend, wobei ihm also der Morgen als sozusagen zweiter Teil des Tages nachgeordnet ist. Diese Deutung steht jedoch in Spannung zu [VI], wo "ein und derselbe Tag" nur bis Mitternacht bzw. bis zur Morgenröte des nächsten Tages definiert ist. Auch wenn die Mischna kein Tora-Zitat enthält, ist sie nicht ohne Tora-Kenntnis verstehbar. Ganz abgesehen von der Opferthematik: Der Streit der Rabbinen läßt sich nur im Wissen um die Tora-Stelle "wenn du dich niederlegst"

57. Gegen Oscar Holtzmann: Berakot (Gebete). Gießener Mischna. I/1. Gießen, 1912, S. 38.

begreifen: Eli'ezer akzentuiert den Zeitpunkt des Sich-Niederlegens, Gamli'el hingegen die Gesamtdauer des Niederliegens.

Zusammenfassung: Der Eingang des Talmuds stellt kein belangloses Sandkastenspiel dar, sondern spiegelt das Ringen um die korrekte Auslegung und Anwendung einer Tora-Anweisung wider. Obwohl die Interpretation jedes der genannten Rabbinen legitim ist, entscheidet die Mehrheit demokratisch über die gültige *Halacha*, so wie sie sich aufgrund katechismusartiger Frage- und Antworttechnik herauskristallisiert hat. Durch ihre gegenüber der Tora erschwerende Anordnung ziehen die Weisen einen "Zaun" um die Tora, der ihre Übertretung erschwert. Im besonderen die *Gemara* zeigt die enge Aufeinanderbezogenheit von schriftlicher und mündlicher Tora, von biblischer und rabbinischer Weisung. Beide *Torot* (Plural von *Tora*) komplettieren einander.

Zu Kap. 2, S. 44-46:

(a) Die historische Einordnung beider Versionen (man datiert üblicherweise die Verfolgung ins Jahr 87 v. Chr.) in [I] und [II] liefert den Rahmen für das Streitgespräch zwischen Lehrer und Schüler in [III], welches für pT zentral ist, während sich bT mehr für das weitere Schicksal des Schülers interessiert [IV-VI] und den Ton auf seine vergeblichen Umkehrversuche setzt. Vor allem der unterschriftartige Schlußsatz von bT, der ein Summarium von Anklagepunkten gegen Jesus auflistet, die an anderer Stelle (b Sanh 43a) ein Herold vor Jesu Hinrichtung proklamiert, lassen vermuten, daß es bT um die Ketzerei (Apostasie) Jesu zu tun ist. Auf den Namen des Gelehrten (Jehuda bzw. Jehoschua), auf sein Fluchtmotiv (wegen Ernennung zum *Nasi* bzw. wegen der instabilen Situation) und Heimkehrmotiv (auf Bitten der Jerusalemer bzw. seines Kollegen Schim'on) kommt es offenbar nicht an. Identisch ist nur der Ägyptenaufenthalt und die Abwertung Alexandrias gegenüber Jerusalem sowie die abfällige Bemerkung über die Gastgeberin durch den Schüler, der in bT den Namen "Jeschu" erhält.

(b) Die Frage läßt sich nicht eindeutig beantworten, da diese Geschichte noch in zwei weiteren palästinischen sowie einer babylonischen Fassung fast identisch kursiert[58] und von daher gegenseitige Beeinflussung und Harmonisierung anzunehmen ist; in einigen Editionen sind die Jesus-Passagen auch christlicher Zensur zum Opfer gefallen, so daß es unmöglich ist, einen gemeinsamen Urtext zu rekonstruieren. So viel ist sicher: Der Kontext, in welchem die Versionen stehen, ist ein ganz verschiedener und darum für die Interpretation irrelevant. Der Name "Jeschu" fehlt in den palästinischen Fassungen, ist aber in den babylonischen - zumindest was den Schlußsatz anbelangt - gesichert. Das älteste (fast) vollständige Talmudmanuskript von 1343 (Cod. Hebr. 95, München) liest dort sogar *Jeschu ha-Nozri*, "Jesus der Nazarener", so daß trotz seiner historisch um fast ein Jahrhundert zu frühen Datierung kein anderer Jesus gemeint sein kann. Gründe für eine recht späte, gar frühmittelalterliche Eintragung des Jesus-Namens lassen sich ebenso geltend machen[59] wie Gründe für absichtliche Kürzung der Jesus-Geschichte in pT.[60] Nur ist es m.E. schwer, der "halben" Erzählung von pT eine Pointe abzugewinnen, außer man allegorisiert und bezieht das vom Schüler mißverstandene Lehrerwort über Debora auf die zwar gastfreundliche, aber gegenüber Jerusalem nicht schöne Stadt Alexandria. Hingegen mutet die allegorisierende Deutung von bT - der Schüler Jeschu verstehe unter "Gastwirtin" die Stadt Jerusalem, um die es nicht zum besten stünde, weshalb er exkommuniziert werde[61] - überladen und unplausibel an. Denn die polemische Jesus-Darstellung von bT hat Sinn genug. Ließ sie sich in der christlich-römischen Provinz Palästina vielleicht nicht vertreten?

58. Synopse der palästinischen Versionen bei Gerd A. Wewers: Probleme der Bavot-Traktate. Tübingen, 1984, S. 8; Zusammenstellung der babylonischen Varianten bei Jacob Neusner: The Rabbinic Traditions about the Pharisees before 70. Part I: The Masters. Leiden, 1971, S. 83ff., 99ff., 114.

59. Johann Maier: Jesus von Nazareth in der talmudischen Überlieferung. Darmstadt, 1978, S. 127ff.

60. Ernst Bammel: Christian Origins in Jewish Tradition. In: Judaica. Kleine Schriften. I. WUNT. 37. Tübingen, 1986, S. 223, Anm. 4 [NTS. 13. London, 1966/7, S. 320].

61. Ebd., S. 224f.

(c) Will bT erklären, woher Jesus seine Lehre und Weisheit (Matthäus 13,54; Markus 6,2) hat? Jesus kam ebenfalls aufgrund der Nachstellungen eines Königs (Herodes) nach Ägypten und kehrte aufgrund der Nachricht vom Ende der Bedrohung ins Land Israel zurück (Matthäus 2,13-15.19-23). Daß Jesus auch Frauen um sich scharte (Lukas 10,38ff.; 23,27ff.; Johannes 8,3ff.; 12,3 u. v.a.), mag für bT als Anstoß gelten, um ihn als unzüchtig zu charakterisieren. Die Evangelien deuten schon selbst auf die gegen Jesus erhobenen Vorwürfe der Gotteslästerung, Zauberei und Volksverführung hin (Matthäus 26,65; Markus 3,22ff.; Johannes 11,50).

(d) Jeschu mißversteht sowohl ein Wort [III] als auch ein Zeichen seines Lehrers [V]. Während im ersten Fall die Möglichkeit der Wiederaufnahme gegeben bleibt, wie auch der offene Schluß von pT [IV] nahelegt (Entlassung, Abfall oder gar Tod des Schülers?), separiert sich Jeschu selbst aufgrund der *Schma'*-Begebenheit von der jüdischen Gemeinschaft. Denn die rabbinische Exkommunikation bedeutet keinen völligen Ausschluß vom Judentum, wohl aber eine soziale Isolierung, räumt jedoch die Chance der Umkehr und Versöhnung jederzeit ein. Jeschu schert willentlich aus der rabbinischen Lehrtradition aus, indem er Götzendienst betreibt durch Anbetung eines Ziegelsteines. Da diese Steine Menschenwerk sind und etwa als Sitz bei Verrichtung der Notdurft verwendet werden (b Ber 61b), besagt dies, daß Jeschu die unterste Form von Religion praktiziert. Erinnerungen an den jüdischen "Erzketzer" Elischa ben Abuja, nach seiner Abspaltung "der andere" genannt, werden wach, wenn Jeschu auf gut halachische Art seinen Lehrer von der Unmöglichkeit der Buße und Nichtvergebbarkeit der Schuld für diese Art von Vergehen in [VI] überzeugt. Nur weist "der andere" umgekehrt seinen Schüler R. Me'ir auf diesen Tatbestand hin (b Chag 15a).

(e) Auslöser für jenes unvergebbare Verhalten Jeschus ist zweifellos die nicht konziliante Art seines Lehrers Jehoschua. Sein Zeichen, das Jeschu als definitive Abweisung interpretiert, dürfte eine abwehrende Handbewegung, nicht beim Gebet gestört zu werden, gewesen sein. Doch wie M Ber II,1 dokumentiert, ist - im Gegensatz zum Achtzehngebet! - die Unterbrechung des *Schma'* zwecks eines Grußes aus Furcht oder Ehrfurcht möglich. Man darf zwischen den ihm vorangehenden und folgenden Benediktionen sowie selbst bei den drei Tora-Abschnitten des *Schma'* innehalten. Während die *Amida* ein nicht zu störendes Gespräch mit Gott ist, stellt das "Höre Israel" einen Bekenntnistext dar, der dem Lernen und Rezitieren dient. R. Jehoschua nimmt freilich eine äußerst strikte Haltung ein: Das Bekenntnis zum einen Gott geht ihm der Hinwendung zum Mitmenschen vor. Während Jesus laut Markus 12,28ff. *Schma'* und Nächstenliebegebot zusammenbindet und nach der Lukas-Parallele gerade letzteres anhand des Gleichnisses vom barmherzigen Samariter entfaltet (10,25-37), konzentriert sich Jehoschua ausschließlich auf ersteres, was die Trennung von seinem Schüler besiegelt. Will bT dadurch betonen, daß Jeschu die göttliche Einig-Einzigkeit nivelliert, um sich selbst neben Gott zu stellen? Sollen damit die Christen als "Leugner des Grundprinzips", wie es das *Schma'* artikuliert, und als an eine zweite, Gott beigesellte Person Glaubende kritisiert werden? Jedenfalls gehen die Wege Jehoschuas und Jeschus über dem ihnen doch gemeinsamen *Schma'*-Gebet auseinander. Während der Lehrer dieses Bekenntnis durchhält, kehrt ihm sein Schüler den Rücken.

(f) Die nicht notwendige, aber angesichts der Gefährdung des Ein-Gott-Glaubens verstehbare harte Haltung Jehoschuas gibt dem willentlichen Abfall Jeschus von eben diesem Glauben eine tragische Note. Aufgrund seines (zweiten) Mißverständnisses läßt sich seine Verzweiflung und Enttäuschung ebenfalls verstehen und ihm zumindest Respekt zollen. Am Ende [VI] mag sogar sein Lehrer Trauer empfunden haben.

Zusammenfassung: Die *Haggada* reflektiert anachronistisch die Tage Jesu, um letztlich das Auseinanderdriften von Juden (Jehoschua) und Judenchristen (Jeschu) zu beleuchten und den Bruch als irreversibel hinzustellen. Letztere haben die Gemeinschaft aufgekündigt, während das Judentum dem *Schma'*-Bekenntnis und damit sich selbst treu geblieben ist. Juden und Jesus-Anhänger gehörten einmal im Glauben zusammen, doch tragischerweise können sie nie mehr eins werden. Der Text zeugt von einem wie auch immer gearteten Nebeneinander von Juden und Christen und bekundet zwischen den schwarzen Buchstaben mehr Verständnis gegenüber dem Christentum, als dieses zum Verstehen von Judentum und Talmud jemals beitrug.

Zu Kap. 3, S. 59-61:

(a) Anspruch auf genannte Armenabgaben hat, wer weniger als 200 Denar besitzt und keinen Handel treibt. Setzt er sein Kapital jedoch zu Handelszwecken ein, müßte er weniger als 50 Denar besitzen, um als bedürftig zu gelten [M9 I]. Dazu werden aber nicht das Haus, sozusagen das Dach überm Kopf, und lebensnotwendige Gebrauchsgegenstände gezählt. Nur Luxusgüter, etwa Gold- oder Silberbesteck, müßte jener verkaufen, um damit sein Eigentum auf das Minimum von 200 Denar zu erhöhen, so daß er nicht mehr auf Armenabgaben angewiesen wäre [M8 IV]. Ein Hausbesitzer dürfte sich freilich nicht extra noch aus der Armenkasse der Gemeinde bedienen.

(b) Zu den notwendigen religiösen Utensilien selbst eines armen Juden gehören neben Sabbatgeräten (Kerzen, Gewürzbüchse, Weinbecher etc.) selbstverständlich Sabbatgewänder [G II]. Unter Verweis auf die badende Ruth verdeutlicht R. Chanina, daß jedermann wenigstens zwei verschiedene Kleidungssachen - für Sabbat/Feiertag und für den Alltag - besitzen muß. Wie die für den Sabbat vorgeschriebenen drei Mahlzeiten dienen sie der Heiligung des Tages, weshalb sie nicht veräußert werden dürfen, nur um etwa das Barvermögen von 200 *Zuz* zu erlangen.

(c) Die stattliche Summe von 200 *Zuz* Schulden läßt zunächst einmal darauf schließen, daß jener Gläubiger [M8 III] Wert auf möglichst rasche Rückzahlung legt. Daraus aber, daß zugleich neben dem Gläubiger die Verpflichtung gegenüber der Ehefrau erwähnt wird, darf man folgern, daß auch ein geduldiger Gläubiger mitgemeint ist. Denn die Frau kann bekanntlich das Geld erst im Falle einer Scheidung oder nach dem Ableben ihres Gatten fordern. Währenddessen ist es ihm unbenommen, mit dem *Ketubba*-Vermögen Handel zu treiben. Die Frau gleicht demnach einem nachsichtigen Gläubiger.

(d) Dieser Begriff, der auch M Sot III,4 begegnet, wo sodann bT (22b) sieben Pharisäertypen, darunter den "schlagenden", auflistet, muß als Kritik R. Jehudas an der unflexiblen Anwendung der 200 *Zuz*-Bestimmung durch seine Schüler gewertet werden. Weniger sind also hier die "übertriebenen Forderungen und Selbstkasteiungen, die sich gewisse Pharisäer auferlegten"[62], gemeint, sondern die Verletzung, die jene Rabbinenschüler ihrem Kollegen unter Vorspiegelung von Wohltätigkeit zufügen. Indem sie ihm zur Vollsumme von 200 *Zuz* verhelfen, verhindern sie die ihm zuteil werdende Hilfe durch den Meister. R. Jehuda "heilt" diese "Schläge", indem er seine Schüler auf Rechnung des einen einkaufen läßt, so daß jener wieder das rabbinisch förderungsfähige Einkommen von 199 *Zuz* besitzt.

(e) Die letzte obige *Haggada* gebraucht den Ausdruck "am Guten festhalten", was man auch frei mit "dankbar sein, als Verdienst anrechnen" wiedergeben könnte, z.B. erteilen die "Sprüche der Väter" den Rat: "Hast du viel Tora gelernt, halte nicht am Guten für dich selbst fest, denn dazu wurdest du ja erschaffen" (M Ab II,8 [9]), also: Rechne dir Tora-Studium nicht als besonderes Verdienst an! Auf unser Problem übertragen: Die Rabbinen halten am Guten selbst gegenüber Schwindlern fest, d.h., sie zeigen sich spendabel und dankbar - obgleich sie jenem Bettler nur noch das letzte Geleit geben können. Die Begründung am Schluß spiegelt die Realität wider: Weil es leider viele "schwarze Schafe" unter den Bedürftigen gibt, kann man dies als Entschuldigung dafür anführen, daß man sich eben doch nicht gegenüber jedem freigebig zeigt, obwohl die Tora dies ausdrücklich vorschreibt (5. Mose 15,9). Auch wenn die Rabbinen mit dem Begräbnis ein Pflichtgebot erfüllen und ein Liebeswerk verrichten, haben sie durch Verweigerung der Wohltätigkeit dem Lebenden gegenüber laut der Tora Sünde auf sich geladen und müßten bestraft werden. Sie haben in diesem Fall "Glück", denn der Arme entpuppt sich als ganz und gar nicht bedürftig. In einem anderen Fall (p Pea VIII,9,21b) wird ein gewisser Nachum, der einem wirklich Aussätzigen ein Almosen verweigert, mit Blindheit, Lähmung und zerbrochenen Füßen bestraft.

(f) Im schlimmsten Fall stirbt der Betrüger, wie die letzte *Haggada* zeigt (siehe e.). Hingegen statuiert [M9 II], daß jene nicht eher

62. Hans Bietenhard: Sota. Die des Ehebruchs Verdächtige. Gießener Mischna. III/6. Berlin, 1956, S. 72.

sterben, als bis sie wirklich der Armut anheimgefallen sind. Sie werden mit dem Maß gemessen, mit dem sie selbst gemessen haben (M Sot I,7; vgl. Matthäus 7,2) bzw. nach dem talmudischen Sprichwort behandelt: "In dem Topfe, in welchem sie kochten, wurden sie (selber) gekocht" (b Sot 11a). So wird Verarmung einerseits als Folge von Betrügerei gewertet; andererseits kann sie auch den Reichen treffen als Strafe für seine Lieblosigkeit. Spätestens in der kommenden Welt wird Gott für gerechte Rollenverteilung sorgen, wie Jesus am Beispiel des reichen Mannes und armen Lazarus aufzeigt (Lukas 16,19ff.).

Zu Kap. 4, S. 76-78:

(a) Die beiden Pfade stehen für die beiden Häuser, von denen eines - nur welches? - durch *Chamez* verunreinigt worden ist. Gesäuertes während der *Pesach*-Tage wird mit der von einer Leiche ausgehenden Unreinheit verglichen. Wenn ein Hausbesitzer kommt und nachfragt, ob er sein Domizil erneut durchsuchen muß, wird diese Frage negativ beschieden, denn es läßt sich nicht zwingend beweisen, daß die Maus in sein Haus gelaufen ist. Ebenso gilt für den Wanderer, daß, wenn er nicht genau weiß, welchen Pfad er genommen hat, er sich in kultischem Sinne nicht verunreinigt hat. Anders ist es freilich, wenn beide Besitzer oder Wanderer gleichzeitig erscheinen und nachfragen, denn in einem Haus oder unter einem Weg muß sich ja die Unreinheit befinden. Folglich müßten in diesem Fall beide ihre Häuser erneut durchsuchen bzw. wären (für eine Woche) leichenunrein. Also: Im Zweifel für den Hauseigner bzw. Wanderer! Ansonsten hätte, wie M ausdrückt, "die Sache kein Ende".

(b) Da sich das Gesäuerte an einer anderen Stelle als zuvor befindet, ist anzunehmen, daß Mäuse im Spiel sind. Handelt es sich überhaupt noch um denselben *Chamez*? Entsprechend gehen die Weisen beim Verschwundensein einer Axt von dem denkbar ungünstigsten Fall aus, ein (rituell) unreiner Mensch habe in der Zwischenzeit das Haus betreten und nicht nur die Axt, sondern auch andere Sachen angefaßt und damit verunreinigt. Hingegen nimmt Rabban Schim'on nur die Möglichkeit eines Irrtums oder Vergessens auf seiten des Haus-/Axtbesitzers an - Hat er nicht vielleicht selber das Gesäuerte in der anderen Ecke plaziert? - und sieht keine Notwendigkeit für eine erneute Durchsuchung des Hauses.

(c) In diesem Beispiel steht fest, daß die Maus Gesäuertes in ein bestimmtes Haus getragen hat, weshalb man zu neuerlicher Suche nach *Chamez* verpflichtet ist. Die gefundenen Brösel stammen nämlich mit Sicherheit nicht von der Maus, die das Brot in irgendeiner Ecke zu horten oder gleich zu fressen pflegt. Von einem Brot essenden Kleinkind steht aber zu erwarten, daß es Krümel im Zimmer hinterläßt; daher sind nur diese zusammenzukehren und zu beseitigen.

Die drei besprochenen Fälle sind keine Belege für übertriebene Pedanterie der Rabbinen, sondern als theoretische Erwägungen bestimmter Eventualitäten anzusehen. Selbst uns banal Anmutendes wird dem Zweck der Heiligung des häuslichen Lebens und der Observanz der Festzeiten dienstbar gemacht.

(d) Sicher mutet das Gleichnis jüdischen Ohren befremdlich, wenn nicht gar anstößig an. Denn Sauerteig läßt primär (wegen der Passafest-Erinnerung) an etwas Unheiliges, Gottwidriges, an ein aufgrund seiner Wirkung negativ besetztes Ding denken. Jesus meint damit aber in positiver Ausrichtung seine Worte und Taten, kurz: sein Evangelium, dessen gering erscheinender Anfang eine unaufhaltsame, umgestaltende Wirkung zeitigt und dessen Zielpunkt die allumfassende Gottesherrschaft sein wird. Seine Jünger und alle Christen sollen nicht bloß das "Salz der Erde" (Matthäus 5,13), sondern genauso der Sauerteig in dieser Welt sein. Der große Erfolg jenes kleinen Mittels ist bekannt. Durch jenen Verfremdungseffekt kann Jesus allgemeiner Aufmerksamkeit gewiß sein.

(e) Aus jüdischer Sicht stellt der Amtssitz des Prokurators ein heidnisches Haus dar. Es gilt immer als hochgradig unrein, weil anzunehmen ist, daß Nichtjuden ihre Fehlgeburten in der eigenen Wohnung vergraben (M Ohal XVIII,7). Wer sich aber Leichen-Unreinheit zuzieht, ist eine Woche lang rituell kultunfähig (4. Mose 19,14). Da die Verhandlung gegen Jesus am Rüsttag stattfindet, könnte folglich kein daran beteiligter Jude das Passafest mitfeiern.

(f) Unzweifelhaft spielt Paulus auf den Brauch, Gesäuertes am 14. *Nisan* aus den Häusern zu entfernen, an. Doch er versteht unter "Sauerteig" den in V.1 angedeuteten Inzestfall innerhalb der Gemeinde, vielleicht aber generell ihre Laxheit, rückfälliges Christsein und schlechte Gesinnung, für die jener Blutschänder nur ein krasses Beispiel darstellt. "Sauerteig": das alte Wesen, die Sünde und Unheiligkeit der Korinther. Demgegenüber würde der ungesäuerte Mazzenteig den neuen Äon, die von der Macht der Sünde befreite Welt Gottes, meinen. Die Mazzen: Sinnbild von Lauterkeit und Reinheit! Christus als das wahre *Pesach*-Schlachtopfer hat durch seinen sündentilgenden Tod diese neue Freudenzeit heraufgeführt. Weil damit das Fest begonnen hat, ist kein Raum mehr für *Chamez*(-Essen); an sich wäre es sogar jetzt zum Ausfegen des Gesäuerten schon zu spät. "Die Christen sind als bekennende Gemeinde Jesu Christi als *ázymoi* [Ungesäuerte] in Permanenz zu definieren."[63] Christsein: ein immerwährendes Passafest, ein ungesäuerter Zustand, Ausdruck des Exodus aus der Knechtschaft der Sünde. - Mit einem Stück Mazze (statt Lamm) als "Nachtisch" endet seit 70 n. Chr. jeder *Seder*-Abend. Der Geschmack der Freiheit soll fortan erhalten bleiben.

Zu Kap. 5, S. 92-94:

(a) Nachdruck wird hier gerade nicht auf die schlichtweg vorausgesetzte Rechtssitte der Scheidung durch den Mann als handelndem Subjekt gelegt (vgl. 5. Mose 22,19.29), auch nicht auf Näherdefinierung von "etwas Schändlichem" (Ehebruch scheint aber, da darauf laut 5. Mose 22,22 die Todesstrafe steht, ausgeschlossen), sondern auf eine spezielle *Folge* der Ehescheidung, nämlich auf das Verbot, die Geschiedene erneut zu heiraten, wenn sie zwischenzeitlich mit einem anderen die Ehe eingegangen war. An sich ist ja Wiederverheiratung mit einer Geschiedenen zulässig und sogar etwas Verdienstliches,[64] doch die Tatsache der

63. Erich Fascher: Der 1. Brief des Paulus an die Korinther. ThHK. VII/1. Berlin, ^{2}1980, S. 163.

64. Samuel Krauss: Talmudische Archäologie. II. Hildesheim, 1966 [= Nachdruck von 1911], S. 53.

zweiten Eheschließung läßt die Frau für den ersten Mann unrein (V.4), d.h. unberührbar, tabu werden. Dieses alte, sicher kultisch motivierte Verbot wird heute mit dem Verdacht auf Prostitution begründet. Dem Mann ist es dabei nicht freigestellt, die Frau doch wieder aufzunehmen, denn das ganze Land Israel wäre durch diesen "Greuel" in seiner Integrität tangiert. Nach anderer Ansicht soll jenes Verbot verhindern, daß (erster) Mann und Frau "ein abgekartetes Spiel treiben: Sie verläßt ihren Mann, heiratet einen anderen und macht ihm das Leben zur Hölle, so daß er sich bereit erklärt, ihr eine gehörige Geldabfindung zu geben, um ihr die Scheidungsurkunde übergeben zu können; nun könnte sie mit großem Gewinn zu ihrem ersten Mann zurückgehen"[65]. Das bleibend Geschiedensein ist demnach eine *Mizwa*.

(b) In allen vier Fällen geht es um den Versuch, "etwas Schändliches" näher einzugrenzen. Die bis 70 n. Chr. florierende, auf den Schriftgelehrten Schammai (um die Zeitenwende) zurückgehende Gelehrtenschule gibt sich restriktiv, indem sie - korrekt auf 5. Mose 24,1 verweisend - eine Scheidung nur bei wirklich schändlichem Handeln der Frau gestattet [M I], so wie es R. Me'ir im Blick auf unkeusche, sittenwidrige, den Mann diskreditierende Verhaltensweisen präzisiert: Hier kann nicht bloß, sondern muß der Mann den Get überreichen; es ist eine aufgrund der Tora gebotene Scheidung [G III]. Die von Hillel begründete Schulrichtung nimmt eine wesentlich liberalere Haltung gegenüber den opponierenden Schammai'iten ein: Sie betont nicht "Schändliches", sondern das Attribut "etwas"; beispielsweise genügen die mangelhaften Kochkünste der Frau als Scheidungsgrund [M II]. Die öfter vertretene bildliche Deutung von "die Suppe anbrennen lassen" als: "dem Mann Unehre machen" verfolgt eine bewußt abmildernde, verharmlosende Tendenz. Denn R. Akiba (Anfang des 2. Jhdt.s n. Chr.) gibt sich ja noch provokativer [M III]: Er führt vorbehaltlos und offen den wohl noch heute häufigsten Scheidungsgrund an, daß man eine andere Frau attraktiver als die eigene findet, prägt deshalb den biblischen Kausalsatz ("weil er

65. Rabbiner Abraham Chill: Die Mizwot. Die Gebote der Tora. Zürich, 1991, S. 495 (nach Abravanel).

... gefunden hat") in einen Bedingungssatz ("wenn er ... gefunden hat") um und versteht "Gunst" als "Schönheit, "Anmut". Akiba geht demnach mit der Schrift am freizügigsten um (vgl. R. Jehuda in [G IV]).

(c) Raba (Mitte des 4. Jhdt.s n. Chr.) gibt Antwort auf Fragen zweier Kollegen: Erstere spiegelt klar wider, daß selbst damals noch die Ehescheidung in das Belieben des Mannes gestellt war, egal ob triftige Gründe vorlagen oder nicht, - überdeutlich im Schlußsatz artikuliert [G I]. Kein Recht auf Scheidung hatte der Mann nur im Falle einer erzwungenen Eheschließung nach Vergewaltigung eines Mädchens, worauf [G I] hinweist, und wenn er seine Frau fälschlich fehlender Jungfräulichkeit beschuldigte (vgl. 5. Mose 22,17-19). - Rabas zweite Antwort [G II] ist auch ethisch konträr zur ersten zu werten und kommt Jesu Wort von der "in seinem Herzen" gebrochenen Ehe (Matthäus 5,28) am nächsten: Nicht erst die juristisch faßbare Tat, sondern bereits die böse Absicht, der verkehrte Wille, werden von Raba wie Jesus gegeißelt. Wir sehen, daß allein schon die Entscheidungen *eines* Rabbi widersprüchlich sein können. Wer demnach die Ansicht Akibas oder der Hilleliten zur Scheidungsfrage als "typisch" jüdisch charakterisiert, verkennt, daß in rabbinischen Tagen hierfür keine einhellige, maßgebliche Richtlinie existierte.

(d) Spätestens dieser Traktatschluß wechselt in die haggadische Dimension über, wenn er unter Berufung auf Maleachis Mahnrede (2,10-16) Ehescheidung als von Gott (und seit Schöpfungstagen; vgl. dort V.10), dem wahren Zeugen des Ehebundes (V.14), verhaßt bezeichnet [G IV]. Zumindest R. Jochanan könnte sicher Jesu apodiktisches Scheidungsverbot Markus 10,9 ("Was Gott zusammengefügt hat ...") teilen. Auch wenn R. Jehuda im Gefolge eines R. Akiba (sarkastisch?) den Gegensinn zu eruieren versucht, ist doch unverkennbar, daß R. El'azars nachdenkliches Wort den eigentlichen Zielpunkt und die Essenz des Traktates "Scheidebriefe" markiert.

(e) Nach der dritten Antithese seiner Bergpredigt setzt Jesus durch die sog. Ehebruchs- oder Unzuchtsklausel ("außer wegen Unzucht") sein unbedingtes Scheidungsverbot bezüglich jenes Falles außer Kraft. Zusammen mit Matthäus 19,3.9 liegt es zwingend nahe, jene Einschränkung mit "etwas Schändliches" von 5. Mose

24,1 in Deckung zu bringen.[66] Damit entspräche Jesu Position der strengen Auslegung der Schammai-Richtung. Ob "Unzucht" sexuelles Fehlverhalten,[67] die verbotene Verwandtenehe[68] oder gar Ehebruch[69] meint, muß dahingestellt bleiben. Ebenso wird unentschieden gelassen, ob Jesus selbst oder erst Matthäus hier eine (noch) in jüdischer Tradition stehende Zuhörerschaft anredet. Jedenfalls ist die Klausel keine sekundäre Zufügung und nachweislich schon vor Matthäus geprägt.[70] Ginge sie tatsächlich auf Jesus zurück, hätte sie "innerhalb einer Diskussion zwischen Jesus und den Schriftgelehrten ... ihren Sitz im Leben gehabt."[71]

(f) Daß Jesus keine Tora-Aufhebung, vielmehr eine Tora-Vertiefung beabsichtigt, macht der Schluß von V.32 deutlich: Er verbietet hier nicht die Ehescheidung, wohl aber - unrabbinisch! - generell die Wiederverheiratung. Wer seine Frau entläßt, treibt sie aufgrund ihrer wirtschaftlich ungesicherten Position in eine neue Ehe und damit nach Jesu Verständnis erst zum Ehebruch. Ebenso liegt Ehebruch dann vor, wenn man eine Geschiedene heiratet. Menschlich gesehen wird freilich damit die Benachteiligung der geschiedenen Frau kodizifiziert. Wer die Wechselfälle und Unwägbarkeiten des Lebens leidvoll erfahren durfte, wird immerhin dem *privilegium iudaicum* (der jüdischen Ausnahmeregel) des Matthäusevangeliums Sympathie entgegenbringen.

66. Berndt Schaller: Die Sprüche über Ehescheidung und Wiederheirat in der synoptischen Überlieferung. In: Eduard Lohse (Hrsg.): Der Ruf Jesu und die Antwort der Gemeinde. Exegetische Untersuchungen Joachim Jeremias zum 70. Geburtstag gewidmet von seinen Schülern. Göttingen, 1970, S. 235f. und dort Anm. 33.

67. Alexander Sand: Die Unzuchtsklausel in Mt 5,31.32 und 19,3-9. MThZ. 20. München, 1969, S. 125 ff.

68. Heinrich Baltensweiler: Die Ehebruchsklauseln bei Matthäus. ThZ. 15. Basel, 1959, S. 347 ff.

69. Georg Strecker: Die Bergpredigt. Ein exegetischer Kommentar. Göttingen, 1984, S. 78.

70. B. Schaller, Die Sprüche über Ehescheidung und Wiederheirat, a. a. O., S. 232.

71. H. Baltensweiler, Die Ehebruchsklauseln, a. a. O., S. 345, Anm. 28.

Zu Kap. 6, S. 105-107:

(a) Freispruch des Angeklagten ist mit einer Stimme mehr [M I], seine Verurteilung - im Unterschied zur Abstimmung bei Vermögensangelegenheiten - erst mit der Mehrheit von mindestens zwei Stimmen möglich. Tritt der Fall ein, daß nur ein Richter mehr auf Hinrichtung plädiert oder eine Pattsituation entsteht, weil sich einer der 23 seiner Stimme enthält, oder generell sich einer nicht zu entscheiden vermag [M II], dann müssen aus den bei der Sitzung anwesenden Rabbinenschülern (M Sanh IV,4) zwei zur Mitabstimmung befugt werden. Der sich Enthaltende gilt nämlich als nicht anwesend [G II], doch darf eben die Todesstrafe nur von einem Kollegium von mindestens 23 Richtern verhängt werden. Durch Hinzunahme von zwei neuen besteht das abstimmungsberechtigte Gremium aus einer geraden Zahl (24). Die zwei können für eine klare Mehrheit sorgen, indem etwa aus dem 11:11- ein 13:11-Verhältnis wird. Sind die beiden aber auch geteilter Meinung, müssen abermals zwei neue Richter bestimmt werden; so geht es, bis (inklusive des Sich-Enthaltenden) die Zahl 71, die der des großen *Sanhedrin* entspricht, erreicht ist [M III]. Da der Groß-*Sanhedrin* nicht entsprechend erweitert wird (b Sanh 42a), muß nun auch der zu dieser Größe angewachsene Klein-*Sanhedrin* mittels Beratung zu einer klaren Mehrheit finden, wobei übrigens nicht bloß ein Schuldigsprechender [M IV], sondern auch ein zunächst Freisprechender die Gegenposition einnehmen kann (b Sanh 34a). Einstimmige Verurteilung läßt Voreingenommenheit vermuten (Markus 14,64) und führt zur Freilassung. Wir sehen: Auch das rabbinische Abstimmungsverfahren ist vom Humanitätsgedanken geprägt und soll leichtfertiges Aburteilen verhindern.

(b) Während die Urteilsfällung in Zivilsachen noch am selben Verhandlungstag möglich ist (M Sanh IV,1) ebenso wie ein Freispruch in einem Kapitalprozeß (M Sanh V,5), darf ein Todesurteil erst am zweiten Verhandlungstag gesprochen werden. Daher führte man Prozesse nicht freitags, weil Sabbatbruch drohte. [G III] streift den Fall, daß sich während der Verhandlung Einstimmigkeit für die Todesstrafe abzeichnet. Der Beklagte ist deshalb sofort auf freien Fuß zu setzen, weil man annehmen darf, daß die Richter die Zeit der Nacht (und des zweiten Tages) nicht mehr dazu nützen werden, um ihn entlastendes Material beizubringen.

(c) Rab hätte die scharfsinnig-süffisante Aufnahmeprüfung für den *Sanhedrin* nicht bestanden: Die in rituell-kultischem Sinne reine Schlange kann den Tod eines Menschen verursachen, genauso ein giftiger (nichtsdestotrotz reiner) Pflanzendorn. Der Tod aber bewirkt erst die Unreinheit des Menschen. D.h., die Unreinheit der Leiche resultiert nicht direkt aus der Beschaffenheit (Rein- oder Unreinheit) des Verursachers (Schlange/Dorn). Darum darf man nicht folgern, daß ein unreines Reptil, das keinen Menschen töten kann, eigentlich rein sein müsse.

(d) Jesu eigene Auslegung in [II-IV] bezieht sich nur auf den letzten Satz der These [I]. Er hinterfragt demnach nicht das Tötungsverbot der Tora, sondern die von den Alten (seit der Generation am Berg Sinai) daraus gezogene Konsequenz, daß - nach 2. Mose 21,12 - ein Mörder dem Gericht bzw. der Strafe überantwortet wird. Sein "Ich aber sage euch" korrigiert wieder (s. Kap. 5.3) nur die Auslegungstradition. In einem Dreischritt (vgl. Markus 13,9: Prozeß durch Regional-*Sanhedrin* - Prügelstra-fe durch Synagogen(diener); M Mak III,12 - Verhör vor der römischen Obrigkeit) nennt er in [II-IV] die beiden höchsten irdischen Gerichtsinstanzen (kleiner/großer *Sanhedrin*) sowie mit "Feuerhölle" das göttliche Tribunal. Paradox mutet an, daß entgegen der Steigerung von der hohen zur höchsten Behörde "ein Absteigen vom Schweren zum Leichteren" hinsichtlich der Anklagepunkte zu verzeichnen ist.[72] Nicht erst vollendeter Mord, sondern bereits Haß, Beleidigung und Spott gegenüber dem Nächsten gehören nach Jesus verhandelt. Ausgerechnet der Hohe Rat müßte sich mit einem provinziellen Gassenausdruck befassen! "Wo nähme man Gerichte genug her, wenn jeder zürnende Gedanke schon vor die nächste Instanz ... gehört!"[73] Damit relativiert Jesus die gesamte Gerichtspraxis, die nur vollendete Taten, aber nicht Gefühle oder Gesinnungen verurteilen kann.

72. Ernst Lohmeyer/Werner Schmauch: Das Evangelium des Matthäus. KEK-Sonderband. Göttingen, ⁴1967, S. 121.

73. Julius Schniewind: Das Evangelium nach Matthäus. NTD. 2. Göttingen, ¹²1968, S. 59.

Ethik (*Haggada*) rangiert vor Recht (*Halacha*)! Er radikalisiert das Tora-Verbot: Für Gott bedeutet schon Zorn Tötung. Diese Justiz-Persiflage Jesu teilen auch Rabbinen: "Wer seinen Nächsten haßt - siehe der zählt zu den Blutvergießern." (Derech Erez 10) Ebenso sind sie der Überzeugung, daß rein gedanklich begangene Taten, Flüche oder Anstiftung zum Mord (b Kid 43a) allein von Gott selbst geahndet werden können.

Zu Kap. 7, S. 120-122:

(a) Sie vertreten den Gedanken der Heiligung des Lebens bzw. des Volkes. Sowohl Nutznießung [G I] wie das Essen von mit Milch gekochtem Fleisch [G III] sind untersagt. Die Tora spricht indirekt von Heiligung nur beim dritten Verbot 5. Mose 14,21 im Blick auf das Kochen. Durch Zitieren weiterer Belege mit analogen Ausdrücken zu "heiliges Volk" (5. Mose 23,18: "Kinder Israel"; 2. Mose 22,30: "heilige Leute") wird jener Schluß auf verbotene Nutznießung (so, wie der Genuß von Tempelprostitution geahndet wird) und verbotenes Essen (so, wie *T'refa*, zerrissenes Fleisch, nicht gegessen werden darf) gezogen.

(b) Fallen auch Geflügel und Wild unter das Verbot des Fleischgenusses zusammen mit Milchigem? Die Tora spricht vom "Böcklein", also von einem domestizierten, nicht von einem zu erjagenden Tier, und legt andererseits Wert darauf, daß jene Tierart auch Muttermilch produzieren kann, was auf Hähnchen sicher nicht zutrifft. Folglich können die Rabbinen ihrerseits das Kochen von Wild und Geflügel nicht einfach - gegen die Tora - verbieten, wohl aber das von ihr nicht *expressis verbis* artikulierte Essen des Gekochten. Während man selbstverständlich nicht Fleischiges und Milchiges wegen der Befürchtung, man könne es versehentlich zusammen essen, miteinander auftischt [M II], geht die Meinung darüber, wie mit Geflügel und Milch zu verfahren sei, bei den Schulrichtungen auseinander. Diesmal entscheiden die Schammai'iten erleichternd, indem sie immerhin das Servieren erlauben, weil eben jenes Eßverbot für Geflügel nur rabbinisch und nicht biblisch fundiert ist. Dagegen glauben die Hillel-Anhänger, daß durch das Anrichten von Geflügel mit Milchigem dann auch anderes Fleisch aufgetragen und dadurch doch das

Tora-Verbot selbst unterlaufen werden könnte [M III f.]. R. Akiba versucht gar aus der Schrift abzuleiten, daß neben Geflügel auch Wild und unreine Tiere in (reiner) Milch gekocht und für Erwerbszwecke (z.B. Verkauf an Nichtjuden) veräußert werden dürfen [M VII]: Seiner Meinung kann das dreifach erwähnte "Böcklein" nur zur Unterstreichung dessen dienen, daß die Tora allein reine Viehgattungen (Schaf, Ziege, Rind) mit Milchzubereitung verbietet. Freilich würde auch er Geflügel oder Wild nicht essen. Es ist anzunehmen, daß jene Debatte erst in Akibas Tagen Anfang des 2. Jhdt.s n. Chr. in Jabne aufkam, daß der Streit zwischen Hilleliten und Schammai'iten als anachronistisch anzusehen und eher Widerspiegelung der rabbinischen Weiterdiskussion in Uscha Mitte des 2. Jhdt.s ist und daß die fertig ausformulierte *Halacha* [M If.], die "Fleisch jederlei Art", d.h. neben Vieh auch Geflügel und Wild, meint, von R. Jehuda ha-Nasi, dem Endredaktor der Mischna, stammt.[74] Jedenfalls ist bis dato das Kochen und Verkaufen des so von Wild und Geflügel Zubereiteten erlaubt, nicht aber das Essen.

(c) Die Jischma'el-Rabbinen deuten das dreimalige Vorkommen des Verbotes in der Tora nicht nur auf das (verbotene) Kochen, sondern ebenso auf das Essen und die anderweitige Nutznießung/Verwertung des Mahles [G II]. Der biblische Zusammenhang jener Verse legt tatsächlich nahe, daß 2. Mose 23,19; 34,26 aufgrund des vorherigen Gebotes, das Beste vom Erstertrag des Ackers ans Heiligtum zu liefern, also nicht selbst zu verzehren, das Verbot des Essens einschließt und daß 5. Mose 14,21, wo *Nebela* (ein nicht rituell geschlachtetes Tier, bei dem das Blut nicht völlig ausgelaufen ist; s.o. 7.1) an Nichtjuden abzutreten geboten wird, das Verbot, selbst Nutzen daraus zu ziehen, beinhaltet. Andere rabbinische Herleitungen derselben Verbote finden sich in [G I.III.IV]. In [G IV] wird auf die in den ersten drei Jahren zur Nutznießung verbotenen Früchte neugepflanzter Bäume verwiesen, um deutlich zu machen, daß im Unterschied zu ihnen, die auf unbeeinflußtes Wachsen und Reifen zurückgehen,

74. Nach Jacob Neusner: A History of the Mishnaic Law of Holy Things. SJLA. 30,6. Leiden, 1980, S. 121f., 125.

dann erst recht die Nutznießung von verbotenem, absichtlich in Milch gekochtem Fleisch verboten sein muß.

(d) *1.* Fisch gilt (nach [M 1] neben einigen eßbaren, aufgrund ihres Eiweißgehaltes geschätzten Heuschreckenarten (s. 3. Mose 11, 22) weder als Fleisch noch als Milchiges, sondern wird - wie Obst, Gemüse, Brot oder Bier - als *parwe* ("neutral", "zwischendrin") eingestuft und kann daher sowohl zu Fleisch- als auch zu Milchprodukten verzehrt werden. Nur: Bei einem Aal sind keine Schuppen erkennbar, weshalb er als nichtkoscher gilt und weder mit noch ohne Fleisch/Milch gegessen werden darf (5. Mose 14,10). *2.* Ein Kamel ist ebenfalls ein unreines Tier (5. Mose 14,7). [M VI] statuiert, daß man (dessen) unreine Milch mit Fleisch kochen, aber nicht essen dürfte. *3.* Das Reh gehört hingegen zum erlaubten Wild (5. Mose 14,5). Demnach träfe hier Regel [M V] zu, daß man es weder kochen noch essen darf - zumindest den Rabbinen zufolge. Die Tora gibt nur das Verbot vor, daß man Reines (Milch bzw. Fleisch) nicht mit Gleichartigem (d.h. ebenfalls Reinem) kochen darf - wohl aber mit Unreinem.

Zu Kap. 8, S. 134f.:

(a) Ausgehend von der Praxis des Händewaschens und der levitischen Reinigung von Geräten wird die prinzipielle Gültigkeit der pharisäischen Auslegungstradition debattiert. Gut rabbinischer Stil zeigt sich im Aufriß des Ganzen beginnend mit der Problemanzeige (Vv.2-4) über die schriftgelehrte Frage (V.5) hin zur Antwort Jesu (Vv.6-8). Es werden drei damals befolgte Reinigungszeremonielle dem (heidenchristlichen?) Leser vorgestellt: a) das rituelle Händewaschen vor (freiwillig während) und nach jeder Mahlzeit durch Begießen.[75] Zwar angeblich schon von König Salomo angeordnet (b Schab 14b), fehlt ihm eine klare Tora-Anweisung (vgl. 3. Mose 15,11), weshalb es als eine zu den 613 *Mizwot* der Tora hinzugekommene rabbinische *Mizwa* (Gebot) gilt. Unrein gewordene Hände verunreinigen Speisen! *b)* das Ein-/Untertauchen der Hände (oder gar das Vollbad) in der *Mikwe*

75. Ausführliche Beschreibung des Reinigungsvorganges bei Bill. 1 (s. o. Anm. 16), S. 698 ff.

nach Rückkehr von einem Ort mit höherer Verunreinigungsmöglichkeit (V.4); *c)* die Reinigung von (metallenen?) Bechern, (hölzernen?) Krügen und Kupfergefäßen (V.4). Die Frage nach der abweichenden Praxis der Jesus-Schüler (V.5) ist daher berechtigt.

(b) Auf die genannten Beispiele geht Jesus in seinem Grundsatzwort nicht ein. Diese "Überlieferung der Ältesten" (Vv.3.5), d.h. die mündliche Tora der Schriftgelehrten, ist seiner Ansicht nach reine "Überlieferung von Menschen" (V.8). Er stellt also die Gültigkeit der Tradition unter Berufung auf die Kritik der Propheten (V.6f.) für seine Jünger in Frage, ja "wandelt" selbst nicht nach dieser Reinheits*halacha* (Lukas 11,37f.). Dem ihm äußerlich erscheinenden Wandel mit bloßen Worten setzt er den Wandel nach dem Herzen, also aus dem Innersten des Menschen, entgegen (V.6), betont demnach gegenüber der rituell-kultischen die ethisch-sittliche Komponente. Er kritisiert letztlich nur die pharisäische Auslegungsmethodik, nicht aber die göttliche Tora. Vielleicht geht dieser Text auch auf eine hellenistisch-liberaljüdische Bearbeitung zurück. Immerhin versucht sie, ein objektives, nicht karikierendes Pharisäerbild zu vermitteln. Deren Ernsthaftigkeit, gerade im Detail gottgemäß zu leben, sollte man daher nicht "geistlosen Formalismus" mit "skurrilen Verdrehungen" bescheinigen.[76] Dürfen wir darüber lachen, daß Rabbi Akiba im Gefängnis lieber auf Speis und Trank als auf das Händewaschen verzichtete (b Er 21b)?

(c) Beide Fassungen greifen die Diskussion von Markus 7 erneut auf, doch während es sich dort eher um ein Experten-, weniger um ein Streitgespräch handelt, tritt jetzt ein polemischer Unterton hinzu. Ausgangspunkt des Wortes ist die pharisäische Reinigungspraxis von Gefäßen, aber der zweite Teil geht von dieser Sach- auf die Bildebene über (Lukas 11,41 bemüht sich, wieder zur Sache zurückzuführen). Matthäus kontrastiert das zu reinigende Gefäß mit seinem durch Raub und Zuchtlosigkeit erworbenen Inhalt. Die äußerlich rituelle Reinigung kann daher aufgrund des unrechtmäßig, sittenwidrig angefüllten Inneren nicht fruch-

76. Gegen Josef Ernst: Das Evangelium nach Markus. RNT. Regensburg, 1981, S. 210, 200.

ten. Lukas geht darüber hinaus, wenn er den Gegensatz von Gerätäußerem und menschlichem Innerem konstruiert. Das unreine Gerät wird zum Spiegelbild pharisäischen Wesens. Äußerer Schein läßt nicht über die innere Verfassung hinwegtäuschen. Wenn dann aber Lukas Jesus den Rat geben läßt, vom Inhalt der Gefäße an die Mitmenschen abzugeben, bewegt er sich auf der Bildebene der Matthäus-Version, die - weil sie bei der Geräte-Thematik bleibt - originaler erscheint.

(d) Dem übertragenen Sinne von Matthäus/Lukas nach sagt Jesus: "Macht zuerst den geraubten Inhalt eures Gefäßes bzw. euer Inneres (durch Wegschenken) rein, dann werdet ihr auch äußerlich rein sein!" Offenbar ist dafür Jesu Ansatzpunkt eine in seiner Zeit ausgetragene halachische Rein-/Unrein-Debatte, bei der er sich folgende Ansicht zu eigen macht: "Zuerst reinigt das Innere (eines unreinen Gefäßes), dann wird auch sein Äußeres rein sein!" - vorausgesetzt, es ist kein Tongefäß.[77]

(e) Wie Matthäus/Lukas unterscheidet M Kel XXV,1 zunächst ganz schlicht die äußere und die innere Seite eines Gefäßes, was besagen will, daß die Verunreinigung der einen Seite noch nicht automatisch auch die der anderen bedeutet. Spätestens im 1. Jhdt. n. Chr. bricht darüber eine Kontroverse zwischen Schammai'iten und Hilleliten aus, von der M Ber samt palästinischer *Gemara* zeugen:

Erstere verlangen vor dem Tischsegen zunächst die Reinigung der (unreinen) Hände, weil diese beim Halten des Bechers sonst den überlaufenden Wein verunreinigen und dieser wiederum den Becher von außen nach innen unrein machen könnte. (Seine Verunreinigung mittels Flüssigkeit ist nur rabbinisch möglich; nach der Tora bedarf es ja dazu immer eines "Vaters von Unreinheit"!) Die Hilleliten argumentieren umgekehrt und liberaler: Sie lassen unreine Hände zum Eingießen zu, weil sie das Innere des Gefäßes als den entscheidenden Teil ansehen und die Außenseite für generell unrein erklären. Ihrer Meinung nach überträgt sich diese äußere Unreinheit nicht auf das Innere. Jesus teilt diese Ansicht: Auf das Innere des Bechers und seine Reinheit ist zu

77. Nach Jacob Neusner: First Cleanse the Inside. The 'Halakhic' Background of a Controversy-Saying. NTS. 22. London, 1976, S. 486-495.

achten, nicht auf das Äußere. Die angeredeten Schriftgelehrten scheinen der Schammai-Richtung folgen zu wollen, wenn sie nach Reinigen des Äußeren auch das Innere für rein erklären möchten. Die Debatte ist also noch in vollem Gange.
M Kel XXV,6 präsentiert nach 70 n. Chr. die von den Hilleliten fixierte *Halacha*: Eine verunreinigte Gefäßaußenseite kann *nicht* dessen Innenseite verunreinigen. Wohl aber vermag eine unrein gewordene Innenseite die Unreinheit nach außen zu übertragen. Damit hat auch Jesus recht, wenn er logischerweise (in übertragenem Sinne) den Ratschlag von (d) gibt, der mit dem Wort Markus 7,15 verwandt ist.
(f) Natürlich verschließt sich Jesus der halachischen Diskussion seiner Zeit nicht und bezieht hier Position, indem er nach Matthäus 23/Lukas 11 eine später maßgeblich gewordene pharisäische Schulmeinung teilt, dagegen nach Markus 7 die *Halacha* generell kritisiert, wie dies bekanntlich auch die Sadduzäer taten, ohne freilich die Gültigkeit der schriftlichen Tora in Frage zu stellen. Da er aber in beiden Fällen seinen Akzent auf die moralisch-ethische Komponente legt und Reinheit vom sittlichen Verhalten jedes Menschen her beurteilt, erweist er sich als in der Tradition der Propheten stehender Haggadist. Zumindest wäre diese *Halacha* rabbinisch untauglich.

Alphabetisches Verzeichnis der 63 Traktate

(römische Ziffer: *Seder;* arabische Ziffer: Position des Traktates im *Seder* nach Maimonides)

Aboda Zara (AZ)	IV,8
Abot (Ab)	IV,9
Arachin (Ar)	V,5
Baba Batra (BB)	IV,3
Baba Kamma (BK)	IV,1
Baba Mezia (BM)	IV,2
Bechorot (Bech)	V,4
Berachot (Ber)	I,1
Beza (Bez)	II,7
Bikkurim (Bik)	I,11
Chagiga (Chag)	II,12
Challa (Chal)	I,9
Chullin (Chul)	V, 3
Demai (Dem)	I,3
Edujot (Ed)	IV,7
Erubin (Er)	II,2
Gittin (Git)	III,6(5)
Horajot (Hor)	IV,10
Jadajim (Jad)	VI,11
Jebamot (Jeb)	III,1
Joma (Joma)	II,5
Kelim (Kel)	VI,1
Keritot (Ker)	V,7
Ketubbot (Ket)	III,2
Kidduschin (Kid)	III,7
Kil'ajim (Kil)	I,4
Kinnim (Kin)	V,11
Ma'aser Scheni (MSch)	I,8
Ma'asrot (Ma'as)	I,7
Machschirin (Mach)	VI,8
Makkot (Mak)	IV,5
Megilla (Meg)	II,10
Me'ila (Me'il)	V,8
Menachot (Men)	V,2
Middot (Mid)	V,10
Mikwaot (Mik)	VI,6
Mo'ed Katan (MK)	II,11
Nazir (Naz)	III,4
Nedarim (Ned)	III,3
Nega'im (Neg)	VI,3
Nidda (Nid)	VI,7
Ohalot (Ohal)	VI,2
Orla (Orl)	I,10
Para (Par)	VI,4
Pea (Pea)	I,2
Pesachim (Pes)	II,3
Rosch ha-Schana (RH)	II,8
Sanhedrin (Sanh)	IV, 4
Schabbat (Schab)	II,1
Schebi'it (Schebi)	I,5
Schebu'ot (Schebu)	IV,6
Schekalim (Schek)	II,4
Sota (Sot)	III,5(6)
Sukka (Suk)	II,6
Ta'anit (Ta'an)	II,9
Tamid (Tam)	V,9
Tebul Jom (TebJ)	VI,10
Temura (Tem)	V,6
Terumot (Ter)	I,6
Toharot (Toh)	VI,5
Ukzin (Uk)	VI,12
Zabim (Zab)	VI,9
Zebachim (Zeb)	V,1